堀江貴文

将来の夢なんか、いま叶えろ。

堀江式・実践型教育革命

実務教育出版

将来の夢なんか、いま叶えろ。

堀江式・実践型教育革命

２０１７年、僕は自著『すべての教育は「洗脳」である』で、日本の教育について次のように論じた。

「旧態依然とした学校教育の中で、日本人は洗脳されている。やりたいことを我慢し、自分にブレーキをかけ、自分の可能性に蓋をすることを推奨する恐ろしい洗脳が、白昼堂々なされているのが今の学校なのだ。」

僕は、前著を「アクセルの踏み方教本」ではなく、「ブレーキの外し方教本」として書いた。自分のどこにブレーキがかかっていて、それはどうやったら外せるのか。徹頭徹尾、人生のアクセルを踏むための方法を語ったつもりだ。

そして、次のように締めている。

「僕たちの学びの可能性は、大きく広がり続けている。学校も、教師も、教科書もいらない。一人ひとりがもっと自由に、夢中になって新しい知を開拓できる時代がやってきたのだ。それは当然、新しい働き方、生き方のイノベーションにも直結している。

その現実に目を向けることができれば、『一歩踏み出す』ことはぐっと簡単になるだろう。」

この言葉を実践すべく、僕は頼れる協力者たちと共に、通信制高校のサポート校「ゼロ高等学院」を立ち上げた。現役の高校生たちが、教育という名の洗脳から解かれて本来の行動力を発揮し、好きなように学ぶ場をスタートさせることができた。

また、一般の学校でも、本格的な教育改革の実施に入ったものの、新型コロナ禍という「黒船」によって、子どもたちの学習環境が文字通り急変を強いられた。

前作から3年半が経ち、教育の場は、より大きな変化にさらされている。僕が前著で予言した通りの展開だったかもしれない。

歴史的な変化の中で、子どもたちがどのような学びを身につけなければいけないのか？　本書では、僕たちがゼロ高でやろうとしていることを軸に、「一歩踏み出す」ことの大切さを、あらためて伝えていこうと考えている。この本には、あえて項目のまとめはつけていない。親と子、各自でじっくり読んでもらえれば幸いだ。

Chapter（1）教育

Chapter（2）学校

Chapter ３ ゼロ高

特別付録

君へ

Chapter 1

教育

もはや、教師が子どもを
「教え育てる」という
「教育」の時代は完全に終わった。
これからは、教師はサポート役に徹し、
子ども同士が学び合う「共育」の時代だ。
そのために教師と親がすべきは、子どもの
「没頭」のスイッチが入りやすい環境を
整えること。それしかない。

いまバージョンアップしなければ学校教育は死ぬ

何度でも言おう。現在の学校教育では学びの本質を知ることはできない。そもそも、教える側に学びの本質を理解している人がほとんどいないのだから。

学びの本質とは、わからなかったことがわかることで生まれる「喜び」だ。

人は、知らないことを知っていくプロセスを気持ちよく感じ、知的欲求を継続しながら、成長を重ねていくようにできている。けれど、教える側の学校の先生は、総じて教え方が下手だ。覚えるのに多少のコツがいる勉強を、わざわざコツを外して回りくどく、覚えづらいように教える。「つまらないものをよりつまらなくする技術に長けている」とさえ言っていい。

勉強がつまらないのは、当然でもある。学校の先生たちに課せられた課題は、反抗心や、集団から外れようとする「出る杭」を「平均」という名の地面に打ちこみ、可もなく不可もない「オールB」人材を養成することだ。子どもたちの伸びやかな個性に応じた才能の促進を求めてはいない。**凡庸なジェネラリストの量産が、義務教育の目的だからだ。**

学校は、教育の名目において子どもたちの没頭を奪い、突き抜けた天才の芽を摘み、「オールB」が理想であるという常識を植えつけている。これは立派な洗脳だ。

洗脳のために教師が用いる効果的な手段は、禁止だ。

どの学校にも、数多くの禁止が存在する。そう、校則だ。「髪型は男子は短髪・女子はセミロングまで」とか、「生徒同士の許可のない集会の禁止」とか、「アルバイトは基本的に認めない」など、何かの罪でも犯したのだろうか？　というレベルの禁止事項を子どもたちに強いている。加えて「校長先生の話は直立不動で聞かなければいけない」とか、校則に記されていない同調圧力的な常識もいまだに存在する。

僕も中1のとき、痛い目に遭わされた。ある授業で教育ビデオを流したあと、先生がビデオの内容について話を始めた。あまりにも退屈で、僕は自然とあくびをした。その直後、目から火花が飛んだ。先生が僕の頭を、ゲンコツで殴りつけたのだ。痛さにではなく、先生のその行動に心の底から驚いた。退屈で眠かったら誰だって、あくびくらいする。それを先生は強くとがめたのだ。まったく意味がわからない。先生は「目上の大人が話しているときにあくびなどありえない！」という絶対的な禁止を、体罰という形で僕に叩きこんだつもりなのだ。**このように、禁止を力づくで子どもに強制して、行動と思考の自由を奪っていくのは、コストの安い洗脳型の教育方法だ。**そんなやり方が、日本の義務教育には何十年もまかり通っている。

洗脳型教育によって、偏差値至上主義のゆがんだシステムが生まれた。そのシステムのせいで、情報化社会のスピードに対応できない偏差値秀才・和製エリートが量産されてしまったのだ。**彼らはテストには強いが、本当の意味で大事な、人としての豊かな知性を養えているだろうか？**　森友学園の決裁文書改ざん問題や検事長の賭け麻雀問題を挙げるでもなく、近年の和製エリートたちの劣化には、目を覆いたくなる。

僕みたいに突出した行動を取る人間を叩きまくる、内向きの日本の空気感を固定化させた悪の根幹は、義務教育だ。しかし、グローバリズムが進みスマホが普及したことで、教育の手段と選択肢は一気に多様化した。あくびしただけで無抵抗の子どもに暴行をはたらくような大人に、勉強を教わる必要はもはやどこにもない。

インターネットもスマホもない時代、学校へ行くしか勉強する手段のなかった僕らが「学ぶ」には、いったん義務教育を通過しなくてはいけなかった。でも、僕の子ども時代にもしスマホがあったら、間違いなく学校には通わなかっただろう。東大受験もしなかった。小学生のうちからやりたいこと、学びたいことをスマホで見つけて、ぜんぶやり尽くしたはずだ。いまの子どもたちは、義務教育を受ける理由なんかもうないのに、学校に通わなくてはいけない。本当にかわいそうだ。

教育現場で教えられることは、リアルの体験以外すべて、テクノロジーで代用できる。そのような現実を、学びに関わるすべての人たちは、きちんと理解してほしい。

学校教育は、大幅なバージョンアップが加えられるべき時代に入っているのだ。

016

オンライン教育と教科書のペーパーレス化は絶対不可避

2020年に入ってすぐ、世界は新型コロナウイルスのパニックに包まれた。日本も例外ではなかった。感染者はあっという間に数百人を超え、2月に安倍首相は、経済活動の自粛を国民に通達した。そして全国の小中学校、高校の9割が休校を決めた。学校に関しては、是非はともかく、仕方のない対処だっただろう。

その後、世界各地の研究施設で、ワクチンの開発が急ピッチで行われている。だが、現在の新型コロナウイルスも、インフルエンザウイルスがそうであるように、突然変異による新たな型が出現するだろう。そのたびに社会は自粛に閉ざされ、学校の大部分も機能停止せざるを得なくなる。

いままで、人類に害を及ぼすウイルスを根絶できた例は天然痘だけだ。だから、感染爆発が起きるたび、社会全体が振り回される事態は繰り返されるだろう。僕たちは、このウイルスと共存していくしかないのだ。

これでもう、認識できただろう。「子どもたちが通学する」「教室で授業を聞く」という、学校の固定化されたシステムを変えなくてはいけない。いまこそ、教育の完全オンライン化に移行するチャンスではないか。

教師と生徒の対面式の授業ではなく、自宅にいながらタブレット端末やスマホで学べるシステムを導入していくべきだ。決して不可能ではない。

アメリカのニューヨークでは日本と同様、コロナパニックで州全体の学校が閉鎖された。ニューヨークではオンライン教育への移行が実施され、タブレット端末やWi-Fiがない家庭には、無償で端末や通信機器が支給されたという。政府と自治体が連携して、手続きをスピーディに行えば、日本でも実現できるはずだ。

「オンラインでの授業は質が落ちる」という考えは、完全に的ハズレだ。すでにかなり前から、代々木ゼミナールや駿台予備学校ではオンライン授業が実践されている。

それで東大など、有名大学に大量合格させているのだ。

オンライン授業を導入すれば、ブラックに近い労働環境で疲れきっている、教員の負担も大幅に軽減できる。悪いことは、何もない。

日本では制度改革の遅れや、現場のＩＴリテラシーの不足により、オンライン授業の導入は見送られていた。しかし今回のコロナ禍によって、誰もが思い知っただろう。すべての子どもは、分け隔てなく、レベルの保たれた授業を受ける権利がある。そのために必要なのは、学校ではなく、オンライン学習のシステム整備だ。

感染症のパニックを受けてなお学校再開にこだわり、あれこれできない理由を並べ、オンライン化を進められないなんて、文明国として終わっている。

いかなる災害が起きようとも、子どもたちは安全に学びを続けられる。それが実現するよう努めるのが、正しい国家の姿のはずだ。

それでもなお子どもたちを通学させるというなら、せめてランドセルくらいは廃止してあげてほしい。小学1年生の平均身長は約116センチ、体重は21キロ程度とされている。学年が上がると教科書は厚くなり、教科書とは別に道具セットやリコーダーなども加わる。合算すると、重さ10キロ近くにのぼるだろう。**子どもの体格にもよるが、体重の何分の1かの大荷物を持って通学させるなんて、ほぼ虐待だ。**

2018年の9月に、やっと文科省が「置き勉」を認める通知を出した。しかし学校の現場ではあまり実施されず、子どもたちの多くはまだ重いランドセルで通っている。政府が予算をつけ、子ども1人につき1台ずつ電子教科書として、iPadやスマホを買い与えればいいだけなのに、どうしてやらないのだろう?

まずは各自治体レベルで、紙の教科書とランドセルを廃止する条例を出してほしい。何冊もの教科書を毎日持ち運ぶ悪習をあらため、学校教育をペーパーレス化するのだ。

2019年4月、学習者用デジタル教科書を制度化する法律が施行された。しかし置き勉と同様、学校の現場はなかなか変わらない。ランドセル廃止、教科書のペーパーレスは、せーの! でいっせいに制度変更すべきだ。やってみれば、きっと誰もが「なんであんな邪魔なものを使っていたんだ?」と、不思議に思うだろう。

学校は、子どものためを思うなら、変わっていこう。昔と変わらない習慣を、思考停止で放置して、子どもに苦行を強いてはいけない。本書が発売される頃にどこまで改革が進んでいるか、注視していきたい。

「教育改革」の響きに惑わされるな

020

2020年は教育改革の年と言われている。ニュースなどでたびたび報じられているけれど、いま学校に通っている子どもたちや、子を持つ親も含めて、改革の内容が具体的にどんなものか、理解している人は多くないだろう。

まず2020年は、10年に一度の学習指導要領が改訂される年だ。

学習指導要領とは、一定水準の教育が全国一律に提供されるよう、文部科学省が定めたカリキュラムを指す。新しい学習指導要領に基づいた教科は、小学校では2020年度、中学校では2021年度、高校では2022年度から順に実施される予定だ。

今回新しく導入される学習指導要領では、「子どもたちの生きる力、その先の力を育成する、社会に開かれた教育課程」が重要視されている。受け身ではなく、能動的な学びを実現するアクティブラーニングや、画一的ではなく、子どもたちや地域の実情に即した教育を実現するカリキュラム・マネジメントの実施が盛りこまれており、これまでの改訂より、子どもの主体性の育成に重点が置かれている印象だ。**具体的には、プログラミング教育の必修化と英語の教科化が挙げられる。**文部科学省はグローバル化の流れを汲み取ったつもりでいるのだろうが、個人的には、ちょっとズレているんじゃないの？　と、首を傾げざるをえない。

プログラミング授業の目的は、プログラミング技能や言語自体を覚えることではないという。子ども自身が意図する挙動の実現のために、論理的に考える、いわばプログラミング的思考の育成が狙いということらしい。

うーん……正直微妙だな。**プログラミング的思考を養わせたいのなら、別にプログラミングじゃなくてもいいんじゃないの？　と、思ってしまう。**

論理的思考力を学ぶための学習ツールなら、いくらでもネット上で無料で得られる。「ＲＥＳＡＳ」などの公開授業、「地頭道場」など、ＹｏｕＴｕｂｅにたくさん挙げられている思考力講座は役に立つ。

それにプログラミング講座とか、教え方の上手いプロ講師たちがＹｏｕＴｕｂｅで指導動画を上げているのだ。**わざわざ義務教育で、下手な教師が教える必要はないのではないか。**反対に、プログラミングの授業がつまらなくなると危惧する。

プログラミングを学ぶこと自体は、決して悪いことではない。システムを組み上げる構造を論理的に理解していると、ＩＴ系に限らず、ビジネスの場面で利点が増える。業者や技術者に騙されるリスクが減らせるし、ムダな工程を見抜いて、効率化を図ることができる。**ただ、繰り返すようだが学校で学ぶ必要性は、特にない。**

僕らが子どもの頃は、プログラミングは専門誌を見ながら、自分でコードを入力しなくてはいけなかった。コピペはできなかったし、満足な画面もなかった。いまのようにスマホ１台で、キーボードも使わずに、そこそこのレベルのプログラミングが組める環境とはまったく違う。

不遇な時代を過ごした元プログラミング少年が、いまの文部科学省で制度を取り決める立場に就いているのではないか？　と少しばかり邪推してしまう。義務教育の教科に組み込むなど、ちょっとばかりズレた決定がなされるのは、そのへんに理由がありそうだ。改革を推進したいなら、もっと現代のテクノロジーの実情を把握すべきだ。

今回の新しい学習指導要領ではもう一つ、英語の教科化も注目されている。現在、小学校のカリキュラムでは5、6年生で外国語活動の時間が設けられている。これは成績のつかない授業だが、2020年からは年70時間の外国語科として、成績採点が導入されるらしい。そして小学校3、4年では年35時間の外国語活動が新設される。グローバル化に対応できる基礎的な力の育成を目指すというが、やっぱり微妙だ。

英語ができればたしかに社会で便利な場面は多いけれど、英語だけできて、ほかに何もできなければ「英語×ゼロ＝ゼロ」だ。**英語を使って、何をしたい？　という問いを深める機会と環境を学校が提供しないまま英語を詰め込んでも、無意味だ。**子どもたちからゼロ以上のものは、何も育たない。

教育改革の試みはいいのだが、全体的なズレが気になる。改革をするというなら、まず子どもたちから没頭や自由な行動を奪うシステムをあらためるのが先だろう。

偏差値は人間の思考をダメにするウイルスだ

偏差値という指標がいまだに社会で効力を維持しているせいで、学校の勉強が魅力の薄いものになってしまっている。**偏差値がなぜなくならないのか？　簡単だ。子どもの一括管理がしやすいからだ。**教える側の仕事の負担を減らすために、さらに言うと、学校が怠けるために存続している。偏差値という単なる記号に子どもの評価の手間を預け、本当の意味での多様な成長の機会を奪っているのだ。

偏差値教育は、子どもと大人双方に「思考停止」という症状をもたらすウイルスみたいなものだ。しかもなかなか根絶できない、タチの悪いやつだ。役に立たないことを徹底的に教える教師と、役に立たないことを我慢して勉強する子どもが評価される。

つまり「学びは辛く、苦しいもの」と勘違いする人材を生み出し続ける悪しきシステムになっている。そんなものに振り回されているから、みんな勉強が嫌いになるのだ。

まあまあ大きな会社に勤めているサラリーマンや、イケている会社の社長などは傾向として、みんな頭が良い。多くはブランド力の高い大学を卒業している。偏差値レースでは、一定の勝ちを収めた人たちだと言える。

しかし、それはあくまで傾向の話だ。偏差値の高さと、ビジネスや社会での「戦闘力」は比例しない。僕の知る限り、成功しているビジネスマンは、いい意味でバカばかりだ。けなしているわけではない。バカは考えすぎないために平気でリスクを取り、失敗を怖れない。いい意味で鈍感なのだ。だから、何度でもチャレンジを仕掛けることができ、結果的に成功する。バカは実社会で、最強なのだ。

誤解を恐れずに言えば、バカな子どもでOKなのだ！　子どもは、賢くある必要などない。好きなものに夢中になるだけで問題ないし、それが学校の教科である必要もない。好きなことを奪い、役に立たない勉強を押しつけてくるような大人は、こっちから切り捨てていいのだ。

026

学歴は究極のオワコン

僕は、ずっと前から「大学にはブランドとしての価値しかない。だから、東大以外に行く必要はない」と公言している。炎上しようが批判されようが、撤回するつもりはない。大学にブランドとしての価値しかないのは、明白な事実だからだ。

大学に行って学ぶ「教養」は、インターネットですべて学べる。その気になれば誰だって、受験勉強なしで東大生と同じレベルの学問を修められるのだ。だから、本来は東大にも行く価値はないのだが、社会的な信用度とかブランドの価値はいまも昔もこれからも一番であり続けるので、行っておいても損はしないという意味だ。

僕は東大に現役合格したが、入学して数か月で通うのをやめた。学歴としては、中退だ。でも東大のブランド価値は得ているので、必死にやった受験勉強の収穫としては、悪くない。卒業すれば良かったのに、と言われたこともある。たしかに、入学時から中退しようと決めていたわけではないので、卒業の選択もないわけではなかった。**しかし、東大に通うこと自体が、バカバカしくなったのだ。**

九州のド田舎から上京して、東大なら面白い人たちとたくさん出会える！ と期待していた。けれど周りの学生は、真面目な勉強家タイプばかり。**自分から何かを発信していこうとか、勉強以外の挑戦をしようという好奇心旺盛な人が、まったくいない。**東大にも面白いヤツはいないのか……と、つまらなくなってしまった。

たまに学内で話してみると、同期の学生はみんな、コツコツ単位を獲得して、名の通った一流企業へ就職する道を望んでいた。

僕は、あきれ果てた。せっかく苦労して日本で一番の大学に入ったのに、就職試験で再びランクの低い学生たちと同じスタートラインに立つなんて、どう考えてもバカげている。**「お前ら、本当にそれで人生楽しいの？」と言いたくなった。**

東大生も、残念ながらほとんどが悪い意味でバカ、つまり「より知的で面白い人生を送るための思考を放棄してしまった人」たちなのだ。

もちろん、これは僕の印象だ。なかには優秀な人もいただろうし、行動力が高くルールにとらわれない、個性的な東大生もいたかもしれない。ただ、そういう人は勝手に行動して、他の学生の視界から、とっくに外れていたのだろう。僕もすぐ東大に通わなくなり、自分の好きなことで勝手に動き出した。正解だったと思う。

もし本書を読んでいる人の中に東大を目指す人がいたら、「ブランド価値だけ取りにいくつもりなら別にいいけれど、『最高峰の賢い人たちと出会える』という期待が叶う確率はとても低い。確実に賢くて優秀な人と出会いたいなら、むしろ偏差値や学歴の外に出るべきだ」と伝えたい。

キャンパスライフを楽しみたいという理由で、大学を目指す高校生もいるだろう。でも、キャンパスライフよりも楽しい環境は社会に出ればたくさんあるし、実利の学びを得られる場所もいくらでも見つけられる、と僕は声を大にして伝えたい。

たとえば、コンピューターサイエンス（情報と計算の理論的基礎）を学びたい人なら、大学の科学系の学部を受験するよりも、まず専門書を読了することを勧める。オンラインの講座や、専門家の主催しているサロンに通うのもいい。いずれにしろ、大学に通うよりはるかに安く、ほしい教養を培える。

僕は一般の人より科学系の知識が豊富だと思うが、大学で学んだものは一切ない。すべて独学だ。東大には僕の時代、コンピューターサイエンスの学科はなく、似たような学科でも、超マイナーなＰａｓｃａｌというプログラミング言語を教えていたくらいだ。いまは多少進化しているのではないかと思うけれど、あんまり変わっていないような気がする。

流れの速いグローバル社会に対応できるほどの即戦力的な教育が、東大レベルだろうとなされているとは、僕には思えない。根本的な話として、コンピューターサイエンスを大学から学びたい、もしくは大学でしか学べないと考えているような思考停止した若者は、シビアなビジネスの世界で振り落とされてしまうだろう。

030

必要なのは学歴ではなく「学び歴」

大学生は、どこの大学を出ようと企業の即戦力にはなりえない。学校は実務的な教育など、行っていないからだ。

有名な企業の入社試験を受けるためには、そこそこの学歴を経由していないといけないかもしれないが、企業名にこだわらない、本質の伴った仕事をしたいなら、大学になんか行かなくていい！　**学歴よりも大事なのは、やりたいこととやるべきことを自分で見きわめ、探究の実践を積み重ねた「学び歴」だからだ。**

「学び歴」をつけるには、何より行動力だ。いまどきクソ律儀に新卒一括採用を守っている企業になど見切りをつけ、自分なりの学習方法に臨もう。「学び歴」を得るのは早い方がいいけれど、年齢は関係ない。成人してからでもいいし、40代以降から学び直すのも結構だ。だいたい「学生でなければ学ばなくてもいい」「大人は勉強よりも仕事」という考え方がおかしい。それも学歴を重視しすぎた、学校教育の弊害の一つだ。

僕の学び歴の源は、プログラミングにある。

中学生になったとき、両親から入学祝いでパソコンを買ってもらった。人生で初めての、僕だけのパソコンだった。

それから、遊びの時間がまるっきり変わった。パソコンの専門誌を読みあさり、朝から晩まで、ゲームのプログラミングに夢中になった。自分で整えた論理の通りにシステムが動く。そんなプログラミングの魅力に、完全にハマったのだ。

しかし、同級生でプログラミングをやっている子は、ほとんどいなかった。一緒に楽しめる友だちがいないので、一人で遊ぶしかない。そうなると、趣味は長続きしないものだ。やがて尻切れトンボのように、プログラミングに飽きてしまった。

でも夢中だったときは、家で起きている間中、ずっとキーボードを叩いていた。全力で没頭していた。その没頭の体験は、大学時代に思いもよらない形で復活する。

大学2年のとき、競馬にハマッたのだ。きっかけは塾講師のアルバイトで仲良くなった先輩に誘われ、中山競馬場のレースの馬券を買ったことだ。ビギナーズラックを地でいくように勝ってしまった。2万円の元手が、12万弱の大金に膨らんだ。大学生には大金だ。そこから約1年間、僕は競馬に明け暮れた。

週3、4回ぐらい塾講師のアルバイトをしていたのだけれど、競馬を優先して、週1しか行かなくなった。競馬は大勝ちすることもあるけれど、たいていはハズレ。バイト代を全額突っ込んで、0円になったこともある。手元の残金1500円で1か月を過ごさねばならず、小麦粉ともやしのお好み焼きで毎日やりすごした。そんな窮状でも、大勝ちしたときの高揚感が忘れられず、なけなしの金で競馬に通った。**ギャンブル中毒に近い、世間一般で言う「典型的なダメな若者」だったと思う。**

一時はプロの馬券師になろうかと思ったが、やはり競馬も飽きてしまった。誰も、ついてきてくれなかったからだ。僕は毎日でも競馬をしたいのに、周りの仲間は恋愛やら就職やら、いろんな理由で競馬から離れていった。

結果的にはギャンブル生活から抜け出せて、良かったのかもしれない。一方で、好きなものに没頭する力が、みんな弱いなぁ……と感じたのも事実だった。

「堀江さんは、没頭力がすごく高いですね」と言われる。そうなのだろうか？　たしかに、僕くらい多くの趣味を持ち、多岐にわたるビジネスを手がけている人は、あまりいない。ほとんど毎月海外に出かけ、ホンダジェットで国内を飛び回る生活に、逐一ついて来られる友人は数えるほどだ。

けれど、独りではない。全力で没頭しつくせば、不要になった友人や恋人は去っていき、ちょうどいいタイミングで面白い人と新しく知り合える。

僕は愛嬌をふりまくタイプでもないので、友だちづくりは下手な方だ。でも没頭しまくり、多動力をフルに回しているから、高いエネルギーに同調する面白い人たちとの出会いが途切れない。思えば学生時代の僕は、没頭していたつもりだけど、没頭が足りなかったのだろう。だから、孤独だった。

孤独を忘れるくらい没頭すると、結果的にお互いを高め合える友だちができて、孤独ではなくなる。これは、学生にも当てはまる法則だ。

「将来のための我慢」が子どもを殺す

「子どもはみんな、何かをすることの天才だ」なんていう耳ざわりのいい表現を、僕は好まない。何をもって天才かという定義づけもはっきりしないし、天才と呼ばれる能力をさも特別であるように持ち上げているのも、変だと思う。

「子どもはみんな○○である」というなら、「没頭の生き物」だ。没頭する力は本来、子ども時代に誰もが備えていたはずの能力だからだ。

読者にも経験があるだろう。小石の採集やシール集め、クレヨンで絵を描いたり、積み木で建物をつくったりなど、大人にとっては少しも面白くないことを、延々とやり続けていた。物心がついてさまざまな娯楽を知ってからも、没頭するものはあったと思う。ゲームやマンガ、好きなアイドル、カラオケ、スポーツや楽器、ダンスや演劇の練習……誰もが一つやふたつは、没頭を経験してきたはずだ。

「没頭力こそが天才の証だ」などと、うまい具合に言うつもりはない。

かつて過ごした没頭の経験は、幼い時代の特別な思い出ではなく、人にとって通常モードなのだ。没頭するのが、人は当たり前！　誰だって、好きなこと、楽しいことをいつまでも、やりたいだけやり続けるようにできているのだ。いわば「遊ぶ」ことこそが、人間の本能なのだ。

しかし、ほとんどの人たちは成長の過程で、あれもこれもやらなくてはいけなくなり、遊び続ける力を忘れていってしまう。なぜだろう？

答えは簡単。親や、学校が遊びに没頭する力を奪っているのだ。

遊びに夢中になって、部屋を汚したりご飯に遅くなったりするのを、親は制止し続ける。もちろん、命に関わるような危険な行為は止めなければいけない。しかし、ほとんどの親は、ケガの分別が自分でできるようになった年の子どもにも「これをしてはダメ」「あれをしてはダメ」という禁止の縄をグルグルにかけて、子どもを縛ろうとする。「我慢するのは、将来いい生活をするため」と言いくるめ、遊びを停止へと誘導する。

そうするうちに、大半の子どもは「やりたいことに夢中になるのは悪いことなんだ」と思い込むだろう。そして義務教育のシステムにおける禁止の波状攻撃で仕上げられれば、没頭力を失った「成績・個性ともにオールB」の子どものできあがりだ。

家庭でまず親が子どものやる気を奪い、その奪う役目を学校が引き継いで、強化する場になってしまっているのだ。学校に通うようになってから、好きなこと、楽しいことだけをやっていて、一度も大人に叱られたことのない人は皆無だろう。

大人が総がかりで、子どもの没頭力を奪い尽くそうとしている。みんな横並びで一斉に、オールB人間になろう！　と、呼びかけているかのようだ。そんな窮屈な環境が普通になっている一方、「天才」と言われるような存在が特別扱いされているのが、日本の教育の実態だ。**国民のほぼ全員が異を唱えず、大人しく従っているのは僕には信じがたい。**

僕自身、「自分はいびつな環境でも頑張って成果を出してきたのだから、これからの子どもたちも同じように苦労すべきだ」とは、口が裂けても言いたくない。

すべての子どもは学ぶ権利と同様に、没頭する権利を奪われてはならないのだ。

空気を読まず、自己主張できて、子どもたちが没頭力をフルに発揮できる教育環境こそ、必要なのだ。


僕は子どもの頃から、親や教師が仕掛けてきた「○○してはダメだ！」の禁止の縄を振りほどき、ぶん投げてきた。どれだけ大人たちから言葉巧みに禁止を押しつけられても、言い分の論理破綻を見抜き、断固として拒否した。論理が通っているなら従おう。でも論理が間違っているものには、絶対に従わない。そのような自分自身の思考による決断をもとに行動する意思を養うのが、本来の教育ではないだろうか。

子どもの没頭を奪う大人が減れば、やりたいことが見つからないという、自分探しで迷っている人も減るだろう。社会に出て、自分にはもう没頭力がない……と嘆いている人も、あきらめないでほしい。大人に奪われた過去があろうとも、没頭力は人に標準装備されているのだ。それは、決して枯渇しない。小さなきっかけで、必ず再起動するはずだ。

038

子どもの問題を作りだしているのは大人だ

2019年5月、WHO（世界保健機関）がゲーム障害を、新疾病として認定した。オンラインゲームやテレビゲーム、スマホゲームのやりすぎで日常生活が難しくなっている人たちを、依存症と見なすのだという。それを国際疾病分類に加えたそうだ。ゲームに夢中になりすぎて学校に行けなくなったり、引きこもってゲームばかりしている若者の増加が、世界各国で社会問題になっている。それが若者の健康不安や失業率増加の一因と考えられ、国際機関も看過できなくなっているのだろう。

2020年4月、香川県で新たなゲーム規制条例が施行された。18歳未満の「ゲーム依存」を防ぐのが狙いで、「ゲームは平日一日60分まで」など、家庭における具体的な制限の目安が記されている。特に罰則はないようだが、親が子どもにゲームを禁止する立派な言い分が家庭内にできてしまうように思う。この条例ができたのは、完全にWHOの認定の影響だろう。

まったく、時代錯誤も甚だしい。何度も言うが、好きな趣味や遊びに没頭することが仕事になっていく時代に遊びを制限するような条例を出すなんて、どうかしている。そもそも「のめりこむこと＝悪いこと」だという認識が間違っている。寝食を忘れてやり続けているうちに、いつの間にかお金を稼げて人も喜ばせる仕事になったというパターンは無数にある。それは規制されるようなことか？　感心しない事態だ。

何より、ゲーム依存は「病気」なのだろうか？　どこからどこまでが依存なのかという疑問もある。アイドルやバンドの追っかけで時間とお金を蓄えている以上に消費する人や、ジョギングが大好きで毎日走っているうちにヒザを壊してしまうとか、「やりすぎ」で何らかの支障が生じてしまった人を、すべて依存症と言えるのだろうか。

のめりこみすぎはよくない、という話かもしれないが、日常に支障が出るくらい熱中することを病気と呼ぶなら、研究者やアーティストの仕事は成立しなくなる。

そもそも一芸に秀でるとは、少なからず普通の生活に支障をきたすものだ。のめりこまず、ほどほどにやり過ごし、高い成果を挙げられるものは一つもない。

ゲームじゃなく勉強やスポーツにのめりこむなら問題ないという意見は、まったくの見当違いだ。仮に君がゲームが大好きだとして、「依存症」と病人扱いされたら、じゃあ勉強かスポーツを好きになろう、と簡単に興味の対象をスイッチできるだろうか？　ムリだろう。逆に好きなことを禁止された怒りで一杯になるはずだ。

僕は「依存症」の拡大解釈を危惧する。姑息な大人の事情で、若者のやりたいことや好きなものがシャットアウトされる社会になることには、断固として抗いたい。

繰り返し伝えるが、好きなこと、やりたいことが、これからは仕事になっていく。むしろそれらをしていないと、食べていけなくなる。いまは生産性が低いかもしれないが、テクノロジーが進化してやがて大きく稼げる分野に成長する可能性は、何にでもある。**「やりすぎ」を病気に押しこめて禁止するのは、時代錯誤もはなはだしい。**

ゲームに夢中になっていれば、ゲームプログラマーやプロゲームプレイヤーの道が拓けるチャンスもある。ゲームをやりこむことで、ゲームの要素を他分野のビジネスに生かすゲーミフィケーションのスキルや、売れるゲームを見分けるセンスが養われ、その道の仕事に結びつくかもしれない。

ご存じのない人もいるかもしれないが、ゲーム業界は世界で膨らみ続けていて、eスポーツは1000億円単位の巨大市場だ。プロゲーマーやプログラマーの需要は高く、日本人でも億単位の年収を稼ぐ人がいる。もちろん成功譚ばかりではないが、「やりすぎ」上等でのめりこまないと、身の助けとなる技術や能力は磨けないのだ。

それでもゲームを大人に止められる人は、取り組み方に問題があるのかもしれない。単なる暇つぶしでやっていないか？　もし「ほかにすることがない」「自分と向き合いたくない」という理由で、大して熱中できないゲームに逃げているとしたら、それはダメだ。本気でやりたいことにのめりこんでこそ、大人を説得することもできる。

人生において最も貴重な財産である「時間」を、ムダに蒸発させてはダメだ。それは依存症よりタチが悪い。楽しい感覚を一度も得られず、区切りがつけられないままだらだらとやり続けるのは、逃げているだけ。むしろ、没頭とは真逆の行為だ。

本当に心から没頭していたら「この先に何があるんだろう？」という、次の行動を促す選択肢が見つかるはずだ。

没頭のない学びなどありえない

いまの学校は、子どもたちにやりたいことを我慢させ、思考にブレーキを取りつけ、無限の可能性にフタをし、必要のない将来への不安を植えつける、罪深い場所になってしまっている。

それで本人たちが特に困っていないなら別にいいけれど、果たして、それは本心だろうか？　**ブレーキを自らかけても平気でいる若者が量産されていることを、僕は危惧する。**「我慢なんかしたくない！」という若者の方が、健全に決まっているのだ。

何のために、何をするのか？　どんなふうに実践するか？　自分で自分に問いを立て、その問いに自分で答え、自ら責任を負って突き進む強い心が、若者には必要だ。その原動力こそが没頭力だと信じている。

没頭するものは自分にはない……というのは厳しい言い方だが、「言い訳」にすぎない。単に、行動量が足りないだけ。没頭しないで何かを好きになるなどありえないし、没頭さえしてしまえば、いつの間にか好きになっていくものだ。

お金がない？ そのために親がいるのだ。変な見栄やプライドは捨てて、好きなことで援助してほしいと、熱を込めて親にプレゼンすればいい。

時間がない？ 起業しているわけでもない学生にそれはありえない。それはまだまだムダなことを切り捨てられていない証拠だ。

「幸福だから笑うのではない、笑うから幸福なのだ」と説いたのは、『幸福論』で知られるフランスの哲学者アランだ。

行動こそが、人の感情を規定する。まず先に、何かをやり出そう！ そうすれば没頭力は勝手に起動するはずだ。

没頭への支援ができなければ親の資格はない

僕の公式メルマガやYouTubeチャンネルに、ときどき子を持つ親からの相談が寄せられる。「子どもにどんな学校に通わせればいいですか？」など、彼らが聞きたいことはほぼすべて、既存の型にはまった義務教育に対するアドバイスだ。

小学校から中学校までの義務教育は、文部科学省の決めたルールだ。けれどルールを破っても罰則はない。学校以外でも、いい教育を受ける道はいくつも用意されている。通信制高校も勧められるし、ホームスクーリングも専門家の支援で充実している。通信制だけでは世界が広がらないという心配は、ゼロ高をはじめとするサポート校があるから心配無用だ。

僕の時代と違い、教育を受けるための選択肢は豊富に揃っているので、必ずしも既存の学校に通わせることはない。ただ情報が多すぎて、親としては正解がわからず困惑しているというのが実情だろう。

軽々しい気持ちで答えるわけではないが、正解はひと言に尽きる。

「子どもの自主性に任せなさい！」それだけである。


親がどんなに子どもの将来を心配しても、それは杞憂に過ぎない。最先端の情報を得て、最適の教育を選べる自信があったとしても、20年後に通用している保証はないのだ。**「親の考えは子どもよりも古い」という事実を、潔く認めてほしい。**

僕は中学、高校と福岡県内でトップの進学校へ通い、東大に合格した。当時における最先端の教育環境で学んだ側かもしれない。それでもIT革命やグローバル社会の到来は見通せなかったし、スマホの出現も、中国がアメリカと並ぶ世界最大の富裕国になる世界も、新型ウイルスの出現で、EUもアジアも北南米もいっせいにパニックになる時代も、予測できなかった。**未来を見越した最良の教育なんていうものは、幻**

想に過ぎないのだ。

しかも今後は、過去の20年の何倍ものスピードで世界が変わっていく。社会で求められる人材が変わるのだから、偏差値教育も、語学の優先順位も変わっているはずだ。多くの大人がいま持っているベストの教育像は、まったく違う形になっているだろう。そんな未来に向かっていく子どもたちに親がしてあげられることはただ一つ。無償の支援だけだ。

子どもがやりたがる挑戦を、何でもやらせる！　ゲームでもダンスでもマンガ制作でも、夢中になっている子どもを邪魔しないであげてほしい。それが20年後、多くの人に喜ばれ子どもの生涯を支える、価値の高い仕事になっているかもしれないのだ。

親の唯一の仕事は、子どものサポーターであり続けることだ。「勉強しなさい！」と言って、子どもが夢中になっている挑戦を、決して奪ってはいけない。

既存の教育を押しつけ強制して恨まれるか、自由に没頭させて感謝されるか。どちらの子どもが社会に歓迎される豊かな人格を育めるか、悩むまでもないはずだ。

親なら誰だって、子どもには幸せになってほしいと願っている。でも、誤解してはいけない。子どもにとっての幸せが何かは、子どもが自分で決めることだ。親でもなく、教育でもない。

子どもが確実に幸せになれる方法などないが、子どもが幸せに近づける確率を上げる方法はある。ひたすら、子どもの自主性を尊重することだ。「やりたいことをやれた」「親が何でもやらせてくれた」という認識を育めた子どもは自己肯定感が高く、幸福な人生を自分のやり方で築いていけるだろう。

しつけの過程で、親は知らないうちに自分たちの理想を押しつけてしまうものだ。気持ちはわからないでもないが、親の理想なんて、子どもにとって害でしかない。素直で、親の言うことを何でも聞いて、与えられた教育しかやろうとしない子どもが理想だとしたら、とても危険だ。親の理想しか知らない子どもが、より進化した未来の社会で幸福でいられるだろうか？　スマホを禁止する大人に育てられた子どもが、スマホの次のテクノロジーに対応できる知性を養えるだろうか？　あやしいと思う。

子どものやりたいことを、好きなだけやらせてあげてほしい。飽きたり挫折したりを繰り返すうちに、自分に最適な幸福を勝手に見つけていくだろう。

048

教師を憎むな。仕組みを憎め

2019年春、僕は2度目の東大受験に挑戦した。ビジネスが忙しい日々なので、受験勉強に割ける時間は限られた。それでもセンター試験の足切りを突破することはできたし、合格ラインにも肉薄できた。やってみて良かったと素直に思う。

約30年ぶりの受験勉強は、意外と楽しめた。いちばん苦手だった数学も、現役時代に会得した解法のコツを少しずつ思い出し、難問を解けるようになっていくのが面白かった。勉強を教えてくれた、ヨビノリたくみ先生のような優れた教え手の力は大きいと思った。

しかし、受験勉強に再チャレンジして、あらためて「学校では相変わらず何にも役に立たないことばかり教えてるのか……」と、イライラさせられたのも事実だった。30年前と、何にも変わっていない。教育は、昭和で時が止まっている感じだ。

たとえば英語の「ありがとう」という表現を、学校ではＳｉｎｃｅｒｅｌｙ ｙｏｕｒｓ「本日はまことにありがとうございました」などとバカ丁寧に教える。Ｓｉｎｃｅｒｅｌｙ ｙｏｕｒｓなんて、海外の英語圏でビジネスをしている僕だって、一度も口にしたことがない。「美味しい」という表現も、英語の授業では「Ｄｅｌｉｃｉｏｕｓ」と教えている。間違いではないけど「美味です」という、少し堅い表現になってしまうのだ。シンプルに「Ｇｏｏｄ」でいいと教えるべきだ。

正しくないわけではないけれど、日本語英語の昭和すぎる古臭い用法に縛られ、生き生きとした言葉の魅力を殺す教え方が普通になってしまっている。6年以上も義務で学ぶのに、グローバルに使える会話力が子どもたちに備わりづらいのは当然だ。魅力の薄い英語をわざわざ学びたい子どもは、多くはない。

AIは学びにおける最強のパートナーだ

世界3大発明は「羅針盤」「火薬」「活版印刷」であると、世界史で教わるだろう。テクノロジーの進化を受け、現代では「AI（人工知能）」「ビッグデータ（従来のデータベース管理システムでは記録や保管、解析が困難な巨大なデータ群）」「IoT（モノのインターネット化）」が、新たな世界3大発明とされている。

なかでも重要なのは、AIだ。ビッグデータもIoTも技術のベースはAIであり、いわば応用分野として、さらなる進化を続けている。自動運転技術、電子決済、ネット通販、シェアリングエコノミー……これらのインフラ構築に、AIの技術が深く関わっている。もはやAIがなければ、文明社会は成り立たないのだ。

AIの普及は、教育界にも大きな影響を及ぼしている。これまでは、一人の先生が大人数の生徒を一つの教室に集めて教科指導を行っていた。テストも、あらかじめ用意された画一的な問題にみんなで取り組んでいた。義務教育はいまでも、その環境が大部分だ。教育レベルの底の確保という意味では、うまく機能していたと思う。だが、機能したのは平成の前半くらいまでだろう。

生徒によって、勉強の理解度や弱点にはバラつきがある。**学習能力の多様な個性を、埋没させずにどう伸ばしていくか？　という問いは、教育界の長年の課題でもあった。人員を増やすには限界がある。そこで導入を試みられているのが、「AI教師」だ。**

AIが先生なら、生徒が問題を間違えた箇所、解答にかかった時間、学習履歴や成績の傾向をデータで分析して、生徒に合わせた最適な学習指導を行える。

学びの個別最適化の重要性については、経済産業省の有識者会議『「未来の教室」とEdTech研究会」による第2次提言でも提言されている。

リクルートマーケティングパートナーズによるオンライン予備校サービス「スタ

ディサプリ」や、株式会社COMPASSが提供するタブレット教材「Qubena（キュビナ）」のようなAI教師が、腕利きの個人家庭教師のように、生徒ごとに効率化された学びを提供する機能は、アダプティブラーニング（適応学習）と呼ばれるものだ。

アダプティブラーニングは、学びの生産性の最大化にとどまらない。成績優秀者の行動特性から高い成績に結びつく要素を分析・抽出し、他の子どもへの指導に活用するなど、確実に教育レベルの底上げに役立つと期待されている。

ディープラーニング（深層学習）の技術を応用した語学教育では、もはや人間の先生よりAI教師の方が優れている。教え方が下手くそな先生のせいで英語嫌いになってしまう悲劇が避けられる。採点の自動化、データ分析を生かした授業改善、教育の低コスト化など、多くの意味でもAI教師の導入は必須だ。教室から人間の先生がほとんどいなくなり、タブレットで配られるAI教師が子どもたちの恩師になる時代は、間もなくやって来るだろう。

「学びは、人と人とが教え合うことで深まる」とされる。いまでいう協働学習や、アクティブラーニングの基礎となる考え方だ。そういった考えの価値自体は認めるが、いまの学校教育で、人と人、つまり生徒同士が教え合う環境が十分に提供されているとは考えにくい。**文部科学省からアクティブラーニング推進の「お達し」が出て数年たつものの、現場は混乱を脱しきれておらず、いまだ先生から生徒への一方通行の授業しか行われない学校も多いだろう。**まだまだ地域格差もあるはずだ。制度的にも人材面でも、さまざまな支障と限界が生じているのはごまかしようのない事実だ。

ＡＩ教師なら、すべての問題を解決してくれるとまでは言わない。だが、子どもたちの個性に応じた学びの探究において、ＡＩは最適な協力者になりうる。ひいては「人が介在する学びとは何か」という哲学的で建設的な思考・議論のもととなるだろう。

ＡＩを使いこなす人と、そうでない人との格差の拡大が始まろうとしている。使いこなす側の得る恩恵と、使いこなせない側の不利益は、これまでにあった格差とは比べものにならないほど大きくなるはずだ。**「人間の先生の方が安心できる」なんて感情的な排除はやめてＡＩを教育にマッチングさせ、共存する社会を奨励していくべきだ。**

ＡＩは教育界の課題を解き、子どもの学びの環境をより快適にし、人の新たな可能性を拓くツールとして、さらなる利用が進むに違いない。

現代人の教養レベルは江戸時代以下

本来、勉強で積み重ねる教養は役に立つものだった。

数学を例にとろう。江戸時代、日本独自に発達した数学である和算を修めた「遊歴算家」という学者たちが、各藩からの要請で全国各地を回っていた。彼らは農民に、数列や幾何学の基礎を教えた。なぜか？　**幾何学は、田んぼの面積を測って年貢額を確定するために不可欠な知識だったのだ。**

当時、和算のレベルは数学界で世界最高水準にあったとされている。**つまり江戸時代の日本は、庶民レベルで最も数学リテラシーの高い国だったということだ。**

明治時代に学校制度が導入された後も、和算の授業は引き継がれた。ところが社会の工業化により田畑を計測する幾何学の重要性が薄れ、やがて教科から外れていった。そして算学は、理科などで教わる「水溶液中に塩を○○g入れました。水溶液の中の塩分濃度は何％でしょう？」みたいな、つまらない授業に形を変えた。**本来、面白くて役立つのが学びの本質なのに、思い切りバージョンを下げられてしまったのだ。**

面白いはずの勉強の魅力を教育現場が取り戻すには、制度やシステムを根本から変えなくてはいけない。それまでには何年もかかる。待っていたら、とっくに大人になってしまう。いま学びの真っ最中にいる子どもたちは、制度が変わることを期待せず、まず自分から飛び出せ。学校に通うことだけにこだわらず、好きなことで行動しよう！

学校にも、一定のレベルが保証された教育を受けられるなど、いいところはある。でも、「つまらない」ことが普通である環境に若者を閉じこめているのは見過ごせない。人生を面白くする気づきに満ちた外の情報が、薄い教科書で遮断されているのだ。**情報は、とっくにスマホで民主化されている。**学生に必要なのは、つまらない勉強を我慢して偏差値を高めることではなく、最新の情報を獲得して実践する意欲だ。

数字の評価なんてクソだ。行動の評価こそ意味がある

056

数字での評価にこだわる人が、僕にはよくわからない。サラリーマンは特に営業成績や、周りからの順位づけにすごくこだわっている。きっと学生時代のテストなどで、それなりに成功体験をして「数字の評価は絶対」という信条を持つようになってしまったのだろう。人間が持つ能力において、たしかに数字が絶対指標となる分野はある。でも、すべての分野が、正しく数値化されるわけではない。

模試で全国一位になれば、テストの点ではすごいのかもしれない。**しかし、「モテるか否か」の基準で見ればどうだろう。**男性ならば、勉強はできなくてもコミュ力の高いヤサ男の方が、モテの分野では上位だろう。テストとモテは全然違う話だと言わ

れれば、その通りだ。しかし要は、数字評価なんてその程度でしかないということだ。「勉強より異性にモテる方が嬉しい」という人は大勢いるだろう。違う視点から見れば、高く評価されたものでも、大してすごくはない。

また営業成績日本一！　という社員が社長から表彰状をもらい、誇らしげにしている写真があるけれど、あれも微妙だ。関係ない人にはいい年をした大人が、よくわからない表彰状をもらって嬉しがっている奇妙な写真にしか見えない。

数字の評価をクリアするための努力は、別に悪いことではない。資格を取るには最低限、試験に合格しなくてはいけないように、軽視できない部分もある。

数字評価をもらって何に役立つのか？　その答えを自分のなかで用意できているなら、努力すべきだ。しかし、もし数字で評価されること自体が嬉しいとか、承認欲求が満たされる、くらいの理由だったら、努力するだけ時間のムダだ。

数字評価なんかに、心の充足を委ねてはいけない。暗記や計算など、数字で結果の出る能力は間もなくＡＩに取って代わられるからだ。世に出る若者たちは、数字評価を追うことより、数字化のできない実行力と、経験のバリエーションを磨いていこう。

058

計画から物事を始めるクセが行動を殺す

数字での評価を重視している人は、かなりの割合で目標・計画に縛られている。起業を考えた場合、「お金を貯め、同時進行で技術を学び、1年半後には起業。3年後には社員10人にして、5年後にはオフィスを移転、10年後は上場……」という具合に、細かい段階を踏みたがる。ビジネスでたびたび説かれる「計画（Plan）→実行（Do）→評価（Check）→改善（Action）」というPDCAの考え方の悪影響だ。**何をするにもまず計画＝プランから始めるというのが思考のクセになっていて、迅速な行動を妨げてしまっているのだ。**

目標とか計画とか、順序立てて踏んでいく必要なんてない。やりたいことにゼロ歩でアクセスできるなら、それがベストのはずだ。

僕は、計画なんて立てない。目標も持たない。 いまやること、最短でできることを常に考え、最速で動きだすと決めている。もしいま、信頼する人から「1時間後に知的生命体のいる恒星系へロケットを飛ばしますが、堀江さん、乗りたいですか?」と聞かれれば、僕は躊躇せずに「乗ります!」と答え、着の身着のまま発射場に向かう。

戦略的に段階を踏んでマーケットを押さえていくような計画性は、実践では役に立たない。どうせスタートしたら、計画どおりになんか進まないのだ。PDCA原理主義の人たちが後づけで考えた、ハリボテの成功法則にだまされてはいけない。「計画を立てることで、リスクを減らすことができる」なんて幻想だ。そんなことを考えている時間がもったいないではないか。緻密な計画などなくていい。やりたいことを秒で行動に移せる人間が強いのだ。**動き出しが早い人間に成功の機会は集まってくる。**

スピーディな行動を実現するための知識をインプットしていれば、もはや人生で恐れるものはない。そのためには、僕がプログラムや競馬に没頭していたような、好きなことに熱狂する時間が、何より役立つ。**「没頭体験による学び×行動力」が最強だ。**

Chapter 2

学校

新型コロナウイルスによる外出規制が、
皮肉にも学校の存在意義を考えさせてくれた。
場所や時間、教科にも縛られない体験こそが、
子どもの最大限の没頭を引き出す。
これからは本当に、我慢も画一性も必要ない。
すべては、子どもたちの多様性を
認めることから始まるのだ。

「学校に行かないヤツはバカ」という呪いから抜け出せ

「不登校YouTuber」として活動を始めた、不登校の自由をうたう小学生・ゆたぼんが一時話題になった。ネットで賛否両論が巻き起こったが、印象としては否定派の方が多い感じだった。義務教育を否定するような彼の言動は、いわゆる常識側の大人たちから強く嫌悪されている。一方、ゆたぼんの活動を熱烈に支持する大人も確実にいる。茂木健一郎さんなどの著名人も、応援に回っている。

僕は彼に対して、支持も不支持もしない。**不登校を選びたいんだったら、別にいいんじゃないの？ というスタンスだ。**「小学校に通わないと最低限の社会的教養が身につかない」「結局バカになる」という意見は多いが、そういうことを本気で言う人には、あなたがいま身につけている教養は小学校に通ったおかげですか？　と問いたい。

そもそも教養とは、何だろうか？　広辞苑で調べると「学問・芸術などにより人間性・知性を磨き高めること。また、そのことによって得られる知識や心の豊かさ。その基礎となる文化的内容・知識・振舞い方などは時代や民族に応じて異なる。」と書かれている。**つまり、多様な文化のなかで自ら学ぶことを見つけ、自分の頭と身体で深めていった学びの蓄積こそが教養なのだ。**

それは、小学校で機械的に教わる最低限の読み書きの力や計算力とは、まったく別ものだ。それらの力が必須だというなら、それこそ学校で教わらなくてもいいはずだ。だいいちスマホに翻訳や電卓機能があるいまは、あまり大事な能力ではない。

「学校に行かないとバカになる」側の意見は、真っ当な意見のようで、逆に学校に行くことの根本的な意義を見失わせているのだ。むしろ、自分の意思で不登校を選び、オープンに発信していく子どものチャレンジを、よってたかって攻撃する大人の見識を僕は疑う。ゆたぼんは現在も、たびたび炎上を招いている。注目度が高い証拠だろう。ある意味、してやったりではないか。今後も好きなように発信を続けたらいい。

「我慢貯金」は命をドブに捨てているのと同じ

僕も含め、学校教育を受けた人たちはみな「いざというとき」のために、学校に通わされた。「いざ」というのは、受験勉強や入社試験、そして仕事を失ったとき、育児期や老後など、教養の値を測られる場面のことだと思う。

僕たちは来たるべき「いざ」に対処すべく、役に立つのかわからない勉強を、大人たちに詰めこまれてきた。その間は、遊びや趣味など、やりたいことを我慢させられる。我慢しないと叱られたり、罰を受けたりするからだ。

本当は誰だって、嫌で仕方なかったはずだ。「いざ」の実体がわかっていないうちに、我慢を強要される。そして多くの子どもは勉強が嫌いになり、才能を開かせたかもしれない可能性を奪われたのち、残酷な事実に気づかされる。本当の「いざ」というときに、学校で学ぶ勉強などまるで通用しないという事実に。

学校なんて通う意味なかったな……と、多くの人は虚しさに押しつぶされていることだろう。自由な創意や希望を潰し、「学校に行かなきゃ病」を蔓延させ、「我慢貯金」の連鎖を繰り返そうとするのが、学校教育の実態だ。貯金が趣味なら、それもいい。しかし「投資」思考の子どもは、学校に通う必要はない。投資思考とは、お金を使うことで「役立つもの」を手に入れ、それをもとにお金を増やす思考だ。労働で時間を費やし、対価として得たお金を貯めていく思考とは、まったく違う。

「投資」思考でなければ、今後はあらゆる分野で生き残りが難しくなっているのに、「我慢貯金」に貴重な10代を奪われてどうするの？　と思う。そもそもスマホとネットが普及しているのに、同じ年に生まれたというだけで集められた人間と同じ教室に固められ、社会性を養う意味があるのだろうか。もしイジメを受けて、一生残る傷を負ったら最悪だ。教養や社会性を身につけることを否定しているわけではない。それを得る場所が学校でなければいけない理由はないのだと、強く言っておきたい。

066

座学だけの学校は絶滅する

学校教育の確立の系譜をたどると、戦争に行きつく。優秀な兵隊あるいは労働者を、いかに効率よく生産するかという、明治維新後の富国強兵思想から設計されたものだ。

一応、学校教育は国民全員が文化的な生活を過ごせる知識と教養を分け隔てなく学べる、基本的人権にのっとったシステムとされている。しかしそれはしょせん、表向きの理由にすぎない。実際は黙って体制側の言うことを聞き続ける、「我慢の秀才」たちを育成するのが狙いだ。そこで重要視されるのが協調性。周囲の空気を読み、全体からはみ出さず、個性を平均に押しこめて黙々と勉強する人が、テストでも内申点でも「優等生」とみなされた。

言われた通りのことを言われた通りにこなす能力は、それはそれで一つの価値を持つので、全否定すべきものではない。だが、協調性の高さイコール「優等生」であるという時代は、とっくに終わったのだ。

たびたび言うように、テクノロジーの急速な進化で、個人の人生のあり方、生き残り方の最適解が、20年ほど前とはまるで変わってしまった。協調性は、学校・会社・家族など日本社会のあらゆる組織のなかで重宝される「スキル」だったが、スマホを介したシェアリング・エコノミーの発達で、どこかの組織に所属しなくても不便なく暮らしていけるようになった。協調性を人々に染みこませるための学校教育は、もはや何の意味もなくなった。むしろシェアリングを使いこなすマインドの育成の邪魔にさえなっている。行きたければ行けばいいけれど、いまの学校教育を受け続けるのは、もう弊害しかないんじゃない？　というのが僕の偽らざる考えだ。

学校教育の大きな弊害は、コミュニティの多様性を損ねることだ。学校に通っていると、友だちはできるかもしれない。でも同世代としかいないために、知識も考え方も、似たり寄ったりになる。知り合える大人はせいぜい、先生くらいだ。10代半ばで25歳のエンジニアや、30歳の鮨職人、50歳の俳優など、多様な人々と交わる機会があってもいい。その環境こそ、現代型の本当の学びになりえるはずだ。

学生の本分は座学で、さまざまな経験を持つ大人との交流はもっと後でいい、という意見もあるだろう。果たしてそうだろうか？　**座学だけで、10代の若者にテクノロジーの進化が加速していく令和以降の社会を生き抜いていく能力が備わるとは、僕には思えない。**多様性を肌で感じる体験の方が、若者には大事ではないか。おおむね僕は楽観主義だが、座学重視の学校教育には悲観的にならざるを得ない。

座学をきちんと修めた人が、たとえばロケット開発の道に進みたくなったとしよう。普通の人は、高校で一生懸命勉強を重ねて工学部のある大学を受験する。合格したら大学院まで6〜8年ほど専門知識を学び、ロケット開発の最先端企業であるＪＡＸＡや三菱重工への入社を目指し、晴れて採用される。それが一番の成功ルートだろう。しかし、ＪＡＸＡや三菱重工の競争率はかなり高い。ロケット開発を夢見たほとんどの子どもが、そこでふるい落とされる。入社できたとしても、実際にロケットエンジンの開発部門に関われるとは限らない。総務とか広報とか経理とか、まるで関係ない部署に配属される可能性の方が高いのだ。気づいたらロケットエンジンに一度も触れないで定年……なんてオチもありうる。

でも、座学から離れて自分でネットでロケットの仕組みを調べ、ペットボトルロケットをつくり出したとしたら、どうだろう？　それはかなりセンスのある人だ。ロケットエンジンの構造を実際に把握して知り合った人たちと情報交換するうちに、ネットワークが広がる。やがて関連企業から声をかけられたり、資金が得られたり、思わぬチャンスが得られるだろう。

そのように行動から始めれば、夢への最短ルートが拓けるのだ。**教科書にこだわるのは、「筋」が良くない。**だからゼロ高では理論よりもまずは行動と実践を大事にしている。ゼロ高では、実行力を「とにかくいますぐ小さくやってみる力」と称している。

ロケットエンジンを開発したければ、僕が手がけているロケット事業の開発現場をすぐ訪れることができる。運が良ければ、インターンやエンジニア採用される場合もあるだろう。座学ではできないスピーディな夢の実現が、ゼロ高では可能なのだ。

日本のすべての学校に告ぐ。子どもの多様性を全肯定せよ

ゼロ高の開校記者会見を行った2018年7月、直後に200件近い問い合わせがあった。入学希望者は全国から集まった。多くは、中3と高1の子どもたちだ。高校中退者や、大学に通っていない18〜19歳の子もいた。アメリカ、スペイン、ニュージーランドなどからも連絡があった。多様性を求めた狙い通りの生徒たちが、僕らの呼びかけに応じてくれた結果となった。素直に嬉しく思った。

僕は記者会見で「座学（教科の授業）を目指さず行動を目的とする」と述べた。誤解されてはいけないが、座学をやらないということではない。座学はあくまで手段であ

り目標としていないというだけで、最低限の勉強は子どもたちに課している。

高校の学習指導要領に基づいた枠組みの中で、高卒資格までの単位を取得することが前提だ。加えてゼロ高独自のプログラムに参加できる（112〜115ページ参照）。

もちろん、ゼロ高のプログラム自体が単位として認められるわけではない。高校卒業資格取得に向けた教科学習への取り組みとして、現時点では提携校である神奈川県の通信制高校、鹿島山北高等学校のプログラムを使用している。

座学の基礎はきちんと押さえつつ、ゼロ高では多様性のある学びの場を心がけている。**目指すのは、「その学びを選んだ理由を、自身の没頭体験をもとに語ることができる」若者の育成だ。**既存の指導要領の実践から自宅学習、自己管理、実践の振り返りまでを学習。そして自分で自分をコントロールする力を身につけ、やってみたいことについてゼロ高生の仲間や、僕の主宰するオンラインサロンＨＩＵ（堀江貴文イノベーション大学校）の大人たちと実践を通して学んでいく。

さまざまな事情で一般の高校を退学する子どもたちは、年間5万人前後いると言われる。そんなに多くの子どもたちが制度のはざまにこぼれ落ち、再び学ぶ機会を得られないなんてありえない。ゼロ高が多様な選択肢の一つとして、子どもたちに活用されることを願う。やりたいことはまだ見えないけれど、本気でやりたいことを10代のうちに見つけたい。そんな子どももゼロ高は歓迎する。

すでにやりたいことがはっきりしているなら、必ずしもゼロ高に入る必要はない。たとえば「FCバルセロナでサッカー選手になりたい」なら、バルセロナの下部チームに入る努力をすればいい。「歌手のビリー・アイリッシュのスタイリストになりたい」なら英語を学び、海外でスタイリストの事務所に飛びこめばいいだろう。

もちろん、ゼロ高をステップにしてもらってもOKだ。ゼロ高は「そんな途方もない夢なんてムリに決まっている」とか「もっと現実的な仕事を」などと、生徒にリミッターをかけるようなことは絶対にしない。どんな途方もない夢でも、個性という強みに変え行動の後押しをする。好きなだけ使い倒してくれればいいのだ。

だが、本当に強い気持ちでやりたいことをやっている子どもは少数だ。一般の高校生だって、本当にやりたいことのために努力している人はごく一部だろう。

どういうわけか普通の学校は、あらゆる我慢を子どもたちに強いているのに、「本気でやりたいことを見つけろ！」などと矛盾したことを教える。子どもとしては、困惑するばかりではないか。やりたいことを邪魔しながらやりたいことをやれとは、何なんだ？　意欲のフォローアップはどうしていくの？　という疑問に答える仕組みが、まるでない。その意味でも学校教育は矛盾しているし、多様性に欠けている。

ゼロ高は、従来の学校教育に欠けている進路の多様性を全肯定する場として機能させていきたい。やりたいことをやれるのは当然として、やりたいことを見つけられる人間に成長するための取り組みを用意している。

高卒資格を取得した後、大学進学するのもいいと思う。起業に臨むのも、また違う学校への入学も奨励する。どんな意欲だろうと阻むことなくサポートするのが、多様性の広がる世界で教育機関が課せられた使命の一つだと考えている。

海外留学と同じ学びはスマホ1台で得られる

冷戦終結後の90年代から、グローバリズムの台頭に乗ってアジアの隆盛が始まった。中国を筆頭にアジアの新興企業がさまざまな国でビジネスの成功を収め、外貨を稼ぎまくった。アメリカ・ヨーロッパの欧米圏に集中していた膨大な量の富が、ゆっくりと、確実にアジアへ移行していったのだ。

日本はどうだったろう。松下電器、ソニー、トヨタなど、世界のトップブランドだった日本企業が、バブル崩壊後のグローバル化の波にうまく乗れずに力を落としていった。１９８９年には世界の大企業ランキングでケタ違いの首位だったＮＴＴをはじめ、上位20社のうち14社が日本企業で占められていた。そんな圧倒的な「Ｊａｐａ n as No.1」の時代があったことを、いまの若者は実感していない。

この20年ほど、経済力の自信を失うにつれ若い日本人の海外進出が減ったと言われる。たしかに、僕が海外で出会うアジアの若手起業家はまず中国人。そして韓国人やシンガポール人、タイ人などだ。日本人の尖った若手に出会った記憶はあまりない。

海外留学を希望する学生も、日本だけが減少傾向にあるという。一般社団法人海外留学協議会（JAOS）の調査によると、2018年の日本人留学生は8万人ほど。一方で中国は、70万人近い若者が海外留学している。


本来なら「若者よ、もっと海外へ出ろ！」と言うべきところかもしれないが、僕は別にかまわないと思う。僕らが若い時代は、海外に出ないと得られない知識や体験が多かった。それはいまやインターネットを通じて誰でも獲得できるからだ。スマホを持っている時点で、僕たちはすでに「外の世界」の中に生きているのだ。

海外留学も悪くはないが、なんとなく行くよりも「何を学ぶか？」「どのように身につけるのか？」の自問と実践が、より大事な時代になっているのだ。

たとえば、サンフランシスコに拠点のあるミネルバ大学では「100％アクティブラーニングを実現する」ことを掲げ、先鋭的なオンライン教育を進めている。同大のすべての講義は、全員が同時参加するオンライン形式で行われている。授業中のディスカッションを活性化させるさまざまなツールを生かし、学生の習熟度を判定しつつ、学校側と学生間でのフィードバックを可能にしている。すべての講義が録画されることで学生の学習習熟度データを蓄積しやすく、教授法の改善も高い頻度で実施されるのだ。

そのため、ミネルバ大学の学生は、短期間で既存の大学を上回る思考力、コミュニケーション能力を習得できる仕組みになっている。またユニークなことに、学生は4年間でロンドン、ブエノスアイレス、台北、ソウルなど世界7都市を移動し、各地で社会貢献活動に従事しながら学ぶよう定められている。さながら、世界中がキャンパスというわけだ。数年前、日本人として初めてミネルバ大に入学した日原翔君という学生が話題になったのを記憶している人も多いだろう。

ミネルバ大のほかにも、スタンフォード大学の教授陣が立ち上げたＣｏｕｒｓｅｒａ（コーセラ）、マサチューセッツ工科大学のｅｄＸ（エデックス）など、有名大のオンライン学習プラットフォームで、世界中の学生が、キャンパスに通うことなく学んでいる。これらのシステムは「MOOC（ムーク・大規模で開かれたオンライン講義）」と呼ばれ、日本でも東京大、京都大、早稲田大などが導入している。学ぶために、一つの校舎に集まって講義を聞かなくてはいけない時代は終わった。オンライン学習をうまく活用して、家や外にいながら、グローバルの学びを身につけよう。

グローバル社会を生き抜くには、英語力やITスキルなど、特別な武器がないと不利と考えられているかもしれないが（もちろんあって損はない）、本当に必要なのは、そんな表面的なツールではない。僕たちはスマホだけで「どこにでも行ける」という事実を理解し、自由に行動することだ。

シェアリングエコノミーの概念が急速に進んだことにより、国と国とを区切る境目は薄れ、いまいる場所から飛びだす障壁はなくなりつつある。どこにいようと、海外留学と同じ豊かな体験は可能だ。ハーバード大など有名大学のクラスを受けたければ、MOOCなどのオンラインサービスを利用すればいい。

その気で動き出しさえすれば、最適の学びの場を世界中から得られるのだ。

いまこそ江戸時代の寺子屋に学べ

日本人は、先進国の中でも金融（お金の貸し借り）に対するリテラシー（理解力）が低いと言われている。金融学の専門家がSNSなどで発信しているけれど、有効活用できている人はごくわずかだろう。大卒の人でも、かなり多くが直接金融と間接金融の仕組みを理解できていないし、投資と投機の違いすらよくわかっていないと思う。

日本はもともと金融先進国であるはずなのに、国民に肝心な金融に対する理解力が足りなすぎる。それは、**学校でお金の本質についてまったく教えられていないからだ。**

学校の先生から投資信託の構造や金利の仕組みを教わったという子どもは、たぶん一人もいない。**学校が子どもに熱心に教えるのは、「貯金は大事」とか「お金儲けの**

ために働くのは良くない」という、ゆがんだ嫌金思想だ。そんな偏向した教育で育てられた日本人に、正しい金融リテラシーが育つわけはない。お金がなくなって困ったら闇金に借りるなどという、最悪の方法を選んでしまう人が減らないわけだ。

歴史をひもとくと、意外な事実がわかる。江戸時代まで、日本人は世界有数の金融リテラシーを誇っていた。そのため貨幣経済にいち早く移行でき、計算の複雑な年貢システムにも対応できた。町民同士での商取引に、会計の基礎を採り入れた。利息の複利計算など、庶民が数学の理解力に長けていた。そんな能力を養っていたのは、寺子屋教育だ。先にも述べた和算学者が各村を周り、各地の寺子屋で、そろばんなどを使って数学講座を開いていた。すべての農民が数学好きだったわけではないだろう。しかし、学ばなければ最適な稲作ができない。生き延びることに重大な障害が出るので、彼らとその子どもたちは、それこそ必死に数学を学んだのだ。

切迫した事情により必然的に数学の知識が鍛えられ、江戸庶民の金融リテラシーの基礎となった。いまこそ、寺子屋システムは復権すべきだ。文部科学省の検定基準にはない、実社会で役立つ多様な教育を推進する場として、現代でも重宝されるはずだ。

寺子屋の仕組みはアクティブラーニングそのもの

寺子屋とは、基本的に文字の読み書きの初歩を教える、庶民のための教育施設だった。幕末になると、全国で1万5千以上もの寺子屋が運営されていたという。この寺子屋が日本人の高い識字率を支え、数学や語学など、多分野の理解力を養った。寺子屋を経て、明治以降に洋学者や科学者など幅広い分野で活躍した人は少なくない。

寺子屋の特徴は、いまの学校とは大きく違い、基本的に個別教育だったことだ。師匠と呼ばれる先生が、寺子屋に学びにやって来た子どもたち、一人ひとりの目標や希望を聞き取り、それに合ったカリキュラムを提供していたという。**つまり、現代のアクティブラーニングの原型となる指導法で、子どもたちを導いていたのだ。**

寺子屋はもともと、武家の子息の通う学問所に行けない、庶民の子どものための私設教育機関だった。起源は諸説あるが、中世の寺院教育が母体になっていると考えられる。江戸時代、日本では儒学や朱子学といった中国伝来の学問が根づいていく過程で、身分に関係なく、多くの人たちが「学ぶ」ことの重要性を理解するようになった。近代につながる教育意識の高まりが、寺子屋の創設・増加にも関係していたのだろう。

寺子屋に通学の強制力はないし、辞めたければいつでも辞められた。**逆に言えば、学びたくなったら、いつでも戻って来られる場所だったということだ。**

勉強しているものとは違う科目に興味が出たら、そちらも自由に教えてもらうことができた。身分が固定されていて、受験というシステムもなかったこともあり、ゆるゆると言えばそうだが、生徒の個性に対応した、柔軟な指導システムだったと思う。

日本では、教育改革が叫ばれて久しい。金融リテラシーなど、グローバル社会で求められる根本的な知識の理解力の低下に、政府も危機感を抱いているのだろう。**寺子屋のように、私塾スタイルの教育機関の認可は、もっと進められていい。**子どもが好きなときに通い、充分な学びを得られる教育制度の整備を願っている。

塾なんか行くな。動画でタダで学べ

日本では、志望する進学先への偏差値が学校の授業で足りない子どもは、ほぼ例外なく塾に通う。僕も小学校3年生のとき、担任だった星野先生の「あなたは八女市から出て、進学塾の全教研に行きなさい」の言葉で、久留米の塾に通い出した。

星野先生は、田舎には珍しいファンキーな感じの女性の先生だった。僕が百科事典を読んでいたり、暗記力が高いことを褒めてくれた。僕が、ほかの子どもと違う感覚でキレたりするのも理解してくれた、唯一の大人だった。行くべき進路と情報を与えてくれた、いまでいう「Google検索」のような存在だったのだ。

全教研には、地元にはいない面白いヤツがたくさんいた。孫正義さんの弟の泰蔵くん（ガンホー・オンライン・エンターテイメントの創業者）も、その一人だった。

全教研では先生の教え方が的確で、勉強が初めて楽しい！　と思えた。テストの成績で子どもたちが明確にクラス分けされるシンプルな指導法も、僕には心地よかった。学校の外には面白いヤツらがいて、周りの空気を読まなくても結果で評価される世界がある。そう気づいただけでも、塾通いをして良かった。しかし、いまは塾通いを積極的には推奨しない。塾に通う時点で、経済力のふるいにかけられるからだ。

僕は親が真面目な会社員だったので、塾に通う月謝を払ってもらえた。だがいま、月数千円の月謝を払えない家庭は少なくない。受験で有利な学びを得る機会を家の経済力で選別されてしまうのは、子どもたちにとっては不本意だろう。

その意味でも、いまは動画学習を奨めたい。たびたび述べているように、ＹｏｕＴｕｂｅには教育系の学習動画が無料で公開されている。学校の先生よりはるかに教え方が上手いプロの先生たちが、ハイレベルな授業を提供してくれているのだ。スマホで、無料で、いつでも好きなときに必要な教科を学べる。本当に恵まれた時代だ。

勉強だけではない。魚のさばき方や美味しい料理のつくり方、服の着こなしテクニックや映えるメイクの方法も、動画で学べる。実践的な技術を会得するのに、指導者や、どこかの稽古場に修業に出向く必要はもうないのだ。

プロサッカー選手の本田圭佑さんが、プロアスリートやビジネスマンのマインド指導を行うオンラインサービス「ＮｏｗＤｏ」を立ち上げた。世界レベルの指導者が動画で直接若者たちを教えてくれるのだから、一般の指導者の出る幕は、もうないだろう。

最近では、医師による外科手術の先進技術を収めた動画が多数公開されていたりする。医療の進んでいない国の医師は、その動画で技術を学んでいるのだ。

ゼロ高生の中には、鮨職人を目指して握りを動画で学んで千貫以上の鮨を握り、鮨店で職人として握るようになった若者もいる。学校に通わなくても、一流の技術を動画で教えてもらえるのだ。だから、教師など、身近な指導者は生徒のモチベーション管理やメンタルケアだけに専念すればいいと思う。

ゼロ高では、ティーチングよりコーチングに力を入れている。指導よりも傾聴、命令よりも質問、叱責よりも承認を大切にするコーチングにより、ゼロ高を安全な学びの場と認識してもらうことで、生徒たちの持つ好奇心が回復し、行動につながるのだ。

無料動画の充実で、素人革命は加速する。プロとアマチュアの境目は、もはやなくなった。実際に動き出し、独学で技術を身につけた人が稼ぐ仕事に就けるのだ。

2019年、プロ野球の独立リーグ「ルートインBCリーグ」の関東地区のトライアウトで、当時大学3年生だった杉浦健二郎選手が合格した。彼のポジションはピッチャー。だが高校、大学とも野球部でプレーしていないという。

杉浦選手は、スマホで見るトレーニング動画で野球を学んだそうだ。ピッチングの技術や肉体鍛錬を独学で続け、プロと同レベルの投手能力を身につけた彼のような素人革命の突破者は、スマホブロードバンド時代には当たり前のように続出するだろう。

このような環境にあって必要なものは、一にも二にも実行力につきる。先の鮨職人の彼のように、身につけたものを即座にアウトプットする意欲が、成功を引き寄せるのだ。一定の時間をかけた勉強や訓練は、何においても必要かもしれない。だが、蓄積されたスキルではなく、やりたいように動き出し、遊びだったものをビジネスに変えていく個人のセンスが突き抜ける結果を生みだす。そんな時代に、アップデートできていない従来の学校に通い続ける意味は果たしてあるだろうか?

086

大学なんて行きたいときに行けばいい

2019年、ネット番組の企画で、僕は人生二度目の東大受験に臨んだ。結果は、不合格だった。受験で受からなかったのは人生で初めての経験だったので、少しがっかりした。しかし負け惜しみではなく、一定の結果は出せたと思う。

ビジネスで国内外を駆け回りながら、わずかな時間をぬって受験勉強を重ね、何とかセンター試験を突破した。**現役時代とあまり変わらない、合格圏内ギリギリまで学力を取り戻せたのだ。**そのチャレンジに勇気づけられたという受験生は、思いのほか多かったようだ。

20余年ぶりの受験勉強は、意外と楽しかった。40代半ばの大人になってから東大合格なんて不可能と思われるかもしれないが、そんなことはない。僕でいえば、海外での事業をたくさん手がけてきて、英語のヒアリング力は現役時代より上がっている。

2019年のセンター入試では、ウズベキスタンとウクライナの比較問題など、学生では手こずりそうな出題も見られたが、大人になってから身につけた地理の知識で対応できた。YouTubeチャンネルの数学指導で有名なヨビノリたくみ先生の優れた指導を受け、これからはコーチング専門の塾にビジネスの需要があると思った。

つまり、勉強から何年も離れていようと、真面目に社会で過ごしていれば、大学受験は無理な挑戦ではないのだ。むしろ学生時代にはなかった新しい気づきを得られる。

大学に行く必要なんて、そもそもない。むやみに偏差値を上げることを目的にする意味は、もっとない。けれど、アカデミックの専門機関で、自分の好きな学問を深めたいという気持ちを否定するつもりはない。高校中退組はもちろん、今後は社会人の再受験の希望者が増えていくといいと思っている。「大学は大人になってからでも行ける」ということを、もっと社会はアナウンスしていくべきだ。

Chapter 3

ゼロ高

２０１８年10月、僕たちは、
「座学を目的とせず、行動を目的とする」
をコンセプトに「ゼロ高等学院」を設立した。
ゼロ高の実質的な運営は、僕が信頼する
経験豊かなスタッフたちによって行われている。
この章では、代表の内藤賢司君がゼロ高の
「リアル」を語ってくれる。
ゼロ高のリアルが伝わることを願う。

ゼロ高のコンセプト

「未来を恐れず、過去に執着せず、いまを生きろ」

ゼロ高等学院、通称「ゼロ高」は、堀江貴文さんが掲げたこの言葉から生まれた、通信制高校のサポート校です。僕（内藤賢司）は、発足当初よりゼロ高の代表を務めさせていただいています。

「従来の学校教育の枠組みを壊す＝アップデートする」というビジョンのもと、神奈川県にある通信制高校の鹿島山北高等学校と提携し、在学中にさまざまな社会活動に参加しながら、高校卒業の資格を取得できる仕組みを採っています。

ゼロ高のコンセプトは、本書のタイトルでもある「将来の夢なんか、いま叶えろ。」です。こちらのURLから見られる、ゼロ高の1分間PVの最後にも刻まれています。

https://www.youtube.com/watch?v=GhIyggC-RIg

僕は、学校の先にある社会から学校を見て、「いまの学校の役割って、何なんだろう」と日々考えています。

昭和の時代まで、資本主義の「資本」とは、工場とそこで働く労働者を指していました。工場を建て、安い人件費で人を雇い、利益を出す。これが昔の資本主義の仕組みでした。しかし、農村地区から都市へ人口が移動した結果、人件費は上がり、工場を建てていれば利益が上がることはなくなりました。**現在における資本主義の資本とは、工場と労働者ではなく「ゼロからイチをつくり出す人間の創造性と行動力」です。**

つまり、現代に必要とされる人を育成することが、ゼロ高の役割だと考えています。「生徒が、生きてそこにいる」ことをまず大切にし、生徒の「やってみたい」を「いいじゃん！」と迎え入れ、安心安全に挑戦できる環境を提供し続けていきたいのです。

サポート校と通信制高校の違い

「サポート校」という言葉が耳慣れない方もいらっしゃると思うので、ここで、サポート校の役割についてお話ししたいと思います。

サポート校とは、「通信制高校サポート校」とも呼ばれる通り、通信制高校での生徒の学びを文字通り支援するために設けられている施設です。通信制高校に対する寺子屋のような存在、と考えるとわかりやすいと思います。

学校教育法第1条に基づいた学校（いわゆる一条校）ではないため、サポート校での授業は単位としては認められません。通信制高校での単位を取得しやすくするための学習支援、そして通信制高校では得がたい学びを提供する施設です。座学よりも行動を重視するゼロ高では、後者を重視しています。

サポート校の歴史は90年代初頭、東京都内に、通信制高校に通う生徒の補習やレポート指導などを行う施設が誕生したのが始まりと言われています。徐々に不登校生や高校中退生の進路先として注目を集めるようになり、河合塾などの大手予備校や学習塾もサポート校を開校。２０００年前後からは、首都圏や地方での開設も進みました。不登校や引きこもりの子どもが増えている社会背景に比例するように、通信制高校もサポート校も増加傾向にあります。

サポート校の一番のメリットは、生活リズムを保ちづらかったり、ともすれば孤独になり、滞ってしまいがちな通信制高校の教科学習をサポートし、卒業をより確実なものにできることです。

高校中退率の推移（文部科学省調べ）

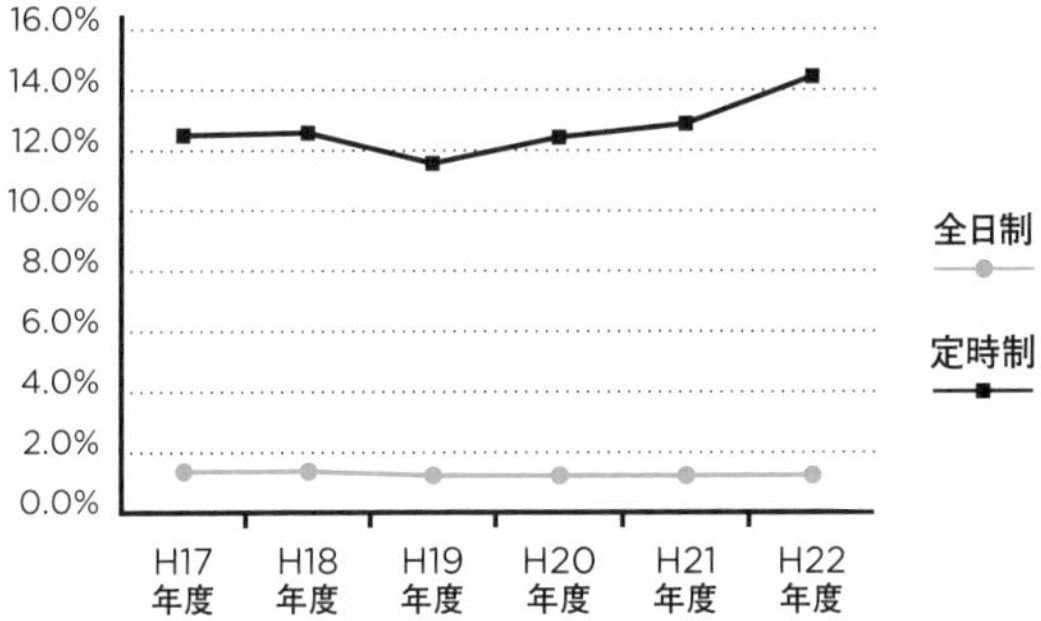

実際、通信制高校の卒業率は、全日制高校と比べると劣ります。文部科学省の調査によると、全国平均で全日制高校の中退率がだいたい１％前後なのに対し、通信制高校の中退率はその何倍もあります。やはり、先生から直接励まされたり、生徒同士で励まし合う環境を持ちづらいのが原因の一つだと思います。

ゼロ高は、生徒の学習面のサポートはもちろん、堀江さんや後ほどお話しする「居場所」での面白い大人たちとの交流により、教科学習だけでなく、ソーシャルスキルを含めさまざまな「学び」のサポートまでできることが最大の強みです。

学校で社会を経験しなければ、学べないことがある

ゼロ高の特長の一つに、生徒たちがHIU（堀江さんが主宰するオンラインサロン「堀江貴文イノベーション大学校」の略称）のメンバーと自由に交流できることがあります。

HIUは、現在1500人ほどのメンバーが所属する会員制コミュニティで、メンバーはビジネスの最前線にいる方が多く、起業意識や行動意欲の高い人が集まっています。会費が月額1万1000円ということもあり、一般的な社会人の中でも、比較的社会的地位や年収の高い人たちが入会しています。

HIUにはメインのFacebookグループの中に、約30の分科会グループが存在します。教育事業、事業投資、エンタメ、デザイン・写真系、宇宙開発グループなど、多くのジャンルの分科会が活動しています。**どの会もメンバーの手で自主的に運営されていて、リアルでのイベントや合宿、リアルビジネスとしての新しいプロダクトやサービスの開発などが実現しています。**

毎月の定例会では、著名人を招いた堀江さんとのゲストトーク、そして分科会の活

動報告が行われます。メンバーは毎月、やりたいことを形にしてきた結果を報告し、堀江さんから直接アドバイスを受け、さらにブラッシュアップを重ねていきます。

ＨＩＵは、ビジネスも遊びも全力で臨むやる気のある大人たちが、精力的に動き回っている場です。それぞれの能力を掛け合わせ、新しい価値を生み出していく、大人の「生き方改革」実践の場となっています。**この意欲的な大人のコミュニティとその活動に、会員にならずとも直接アクセスできるのが、ゼロ高の特色です。**

ゼロ高生は、各活動に見学者としてはもちろん、交渉次第でスタッフとして加わることもできます。**すでにHIUメンバーの経営する会社でインターンをしたり、HIU内のバンドに加わるなど、活動の一員になっている生徒も多くいます。**ビジネスベースで新しいものが生みだされる環境に、高校生が参加できる。一般の高校生にはできない経験でしょう。ゼロ高生だけの利点だと思います。

生徒たちには「『自分が最高のアイデアを持っている』と吹聴しているだけの人は何もしていないのと同じ」と伝えています。ゼロ高生は、どんなアイデアであろうと実際に行動し、その結果から学ぶ。それが、ゼロ高における学びです。

僕がゼロ高の開校と同時に代表に就任して2年弱が経ちますが、もともと教育関係の仕事に従事していたわけではありません。ゼロ高の代表に就く前は、ウェブエンジニアでした。そして、ゼロ高に関わるまで堀江さんは「テレビの中の人」でした。

自分の2人の子どもが成長するにつれ、地域と関わる中で、多様な背景の子どもたちと接するようになり、徐々に「子どもたちが、状況や環境によって夢や可能性を潰されている状況を解決したい」という想いが芽生え始めました。

そんなとき、当時僕が在籍していた株式会社ヒトメディアの代表で、開校当初からゼロ高の顧問を務める森田正康さんが、「ゼロ高の代表をやってみないか」と声をかけてくれたのです。森田さんは、いまでも僕の良き師です。

僕の背中を押してくれたのは、当時3歳の息子でした。

ある日の朝、いつものように家を出ようとすると、息子から「お父さん、なんで仕事に行くの？」と言われたのです。不意の問いに僕は、朝起きて寝るまで、寝ている間も考えていました。「自分は誰のために、何をしているんだろう」と。

そんなとき、ある景色が見えました。それは、黒澤明監督の映画「生きる」で見たワンシーンでした。意思なく日々の仕事をこなす主人公が、ガンに侵されていることを知り、何のために生きるのかを考え、自分にできることを模索し、行動する。そして最後に一つの公園が完成し、その公園で子どもたちが遊んでいるシーンです。

あんな公園のような、平和な世界を実現したい、とわかったのです。**僕は、息子にこう伝えました。「世界平和のために仕事をしているんだよ」と。**

堀江さんとは半年ほどＬＩＮＥなどでやりとりを続け、ゼロ高の概要を固めていきました。**「若い子が環境や状況で、可能性を潰されるのをどうにかしたい」という思いは共通していて、ゼロ高のコンセプトは順調に固まっていきました。**

一般的な高校生で、3年間で6千時間を大学進学の受験勉強に使っていると言われます。それはあまりにも非効率だと、僕たちは考えていました。**通信制高校なら、その時間の大部分を個人の可能性の探究にあてられます。**他の通信制高校、サポート校、学習センター、実現可能なこと、実現不可能なこと……。ゼロ高をスタートするにあたり、入学してくる生徒たちに何ができるかを必死で調べ、理解していきました。

通信制高校との提携とゼロ高生の進路

ゼロ高の入学資格者は、「高校を卒業していない人」です。高校を卒業していたり、すでに社会人の方は、基本的には入学資格の対象外となります。

ゼロ高には、偏差値70超えの学校から転入してきた生徒もいれば、中学校にほとんど行っていない生徒もいます。**ゼロ高生の共通点は、「やりたいことが決まっていようが決まってなかろうが、何かに挑戦したいと思っている」ことです。**そのため、生徒本人の入学意思がないご家庭、実践よりも座学を優先してほしいと考えているご家庭は、申し訳ないのですがゼロ高とはマッチしないと思います。

新入学生は4月と10月、転入・編入生は毎月受け入れています。２０２０年8月現在、２期生までで１１９名が学んでいます。中にはインド在住の生徒、インドネシアやアイルランドに住んでいた生徒、ベトナムに留学していた生徒もいます。

3年間の学費は、鹿島山北高等学校への学費と合わせて約156万円。一般の通信制に比べればやや高めかもしれませんが、その金額に見合った、行動を促す多くの学びのプログラムを整えています。

先ほどお話しした通り、ゼロ高は、既存の通信制高校である鹿島山北高等学校と教育提携しています。鹿島山北高校の教材と、ゼロ高のオンライン授業を用いた課題提出により、高卒認定を得ることができます。

ゼロ高生の進路には、さまざまな選択肢があります。たとえば、中高一貫校や進学校から転入してきた生徒が、興味関心からあらゆる活動を通じて学んだ結果、大学へ進学してより知識や学問を深めるという選択も可能です。

考える時間や振り返る時間を持ち、興味の生まれた学びの現場へ行って体験することで自分の興味を確信し、大学へ進学する生徒もいます。また、海外へ旅に出る生徒や社会活動をする生徒、職人の道を究めんとする生徒など、本当に多様です。

大学進学については、AO入試との相性は抜群です。ゼロ高では時間割にとらわれずに時間を管理できるので、自身の興味に対して時間が使えるためです。可能性は選択肢の多さに比例するので、今後ますますゼロ高の卒業生は注目されていくでしょう。

ゼロ高は2020年10月で、開校して丸2年になります。入学前は良い意味で真面目、悪い意味で無色透明だったゼロ高生たちが、良くも悪くもその子らしさが出てきて、それぞれがそれぞれを認める多様性のあるコミュニティが生まれています。

「普通でないといけない」という呪いから解放された生徒たちは、皆どこか「変」です(笑)。こんなキャラだったのか、こんな話し方ができるのか、こんなことに興味を持つのか、あんな笑顔ができるのか……。生徒たちが義務教育で平均化させせられてしまっていた個性を取り戻していく姿を見て、心から嬉しく思います。

好きになれることで「自立」を果たす場

ゼロ高は、大学進学を選択肢の一つとして、「生徒自身が何者になるのか」を徹底的に追究し、最終的に「自立」を果たす場です。先にもお伝えしたように、鹿島山北高等学校との教育提携により、高校卒業資格を取得できます。

まず、鹿島山北高等学校が履修する科目を決め、教科書と課題と視聴票(動画教材を視聴してレポートを作成し、鹿島山北高等学校へ送付する課題）が届きます。各自、課題と視聴票を期日までに終わらせます。

レポート課題を修めた後、1年に1度（取得単位数によっては2度）、神奈川県の鹿島山北高等学校でのスクーリングへ参加します。そこでテストを受け、高校卒業資格のための単位取得認定を得る流れになります。

ゼロ高には、時間割がありません。すべての時間の使い方は、生徒が決めます。

一般的な全日制高校では、月曜日から金曜日まで決められた時間に、基本的に校舎の中で勉強を行いますが、ゼロ高は違います。学習場所はどこでも構いません。

課題提出もレポートもすべて、自分の意思で取り組む。その環境を重視しています。

ゼロ高では今日この瞬間も、全国のゼロ高生たちがオンライン、オフラインでつながり、たくさんの時間の中でやってみたいことを全力で楽しみながら学習しています。

僕は、自立には3本の「足」が必要だと考えています。

1・自分に何ができるのか、何をしたいのかを行動による失敗から理解していく

2．自分のできること、したいことで助け合える仲間を見つける
3．自分ができること、したいことでファンをつくる

この3本の足で立つことができたとき、人は自立することができます。自分の3本の足を、ゼロ高で見つけてほしいと願っています。

ゼロ高と家族のサポートは車の両輪

新型コロナウイルスの下で、お子さんを持つあらゆるご家族が感じること。それは、「家の中にいつも子どもがいる」というストレスでしょう。

ゼロ高生の保護者の方々は、基本的にいつもこの状態に置かれています。

その状況を、ご家庭でどう解決するのか。アルバイトに行くのか、一定時間外に出るルールをつくるのか、自由にやらせるのか。ご家庭によってまったくバラバラです。

家族への感謝を忘れてはいけないよ、と日々伝えてはいますが、やはりここも、実践から学んでいくしかありません。

これからの時代の教育の形は、家庭、学校、社会、それぞれの教育における境界がなくなっていきます。ゼロ高はその時代の先端に存在し、ゼロ高生のご家庭もまた、新しい時代の関わり方、学び方、生き方を体現されています。大前提として、ゼロ高は通学制ではありません。生徒が自発的に学ぶ姿勢を持っていないと勉強を続けられないでしょうし、周りからのサポートも有用には働きません。

そのためにもまず、家族の支援が不可欠です。生徒自身がある程度、家の中で自分から学習する意識を持つよう、応援していただくことが大切になります。

ゼロ高は、サポート校という枠組みを利用しています。その枠組みの中で、何らかの意思を持って、やる気を発揮した子どもたちに行動の機会と環境を提供し、彼ら、彼女ら自身が学びを積み重ねていく過程を重視しています。

「こうしたらいい」とは絶対に言わない

とはいえ、ゼロ高に入学した時点でやりたいことが明確になっている子は、実は多くありません。本当にやりたいことが明確に描けていて何をすべきかがわかっていれば、ゼロ高に入ることなく、自力で動き出しているでしょう。

現状、ゼロ高生には「学校の勉強じゃない何かをやりたいけど、何をしたいのかは、まだわからない」という生徒が多いと感じます。そのためゼロ高では、生徒たちとの面談を大事にしています。

「明確ではないけど、何かをやりたい気持ちはあるんだよね？」と聞くと、まず間違いなく「はい」と答えます。そこから、「普通の高校とは違ってたくさんある時間を、何に使いたい？」「好きなものや得意なもの、興味のあるものはある？」と、個別にしっかりヒアリングを重ねていきます。

すると生徒の方から「心理学をやってみたい」とか「海洋生物を調べてみたい」など、具体的な希望が少しずつ出てきます。「だったら、空いている時間で調べられそうだね」「HIUのつながりを使って、専門家に会いに行くこともできるかもしれない」など、実行できそうな選択肢を提示します。

決して僕たち大人が「こうじゃないかな」とか「こうした方がいいよ」とは、提示しません。そうすると子どもはその通りに従ってしまい、学校教育と同じことになってしまいます。

僕たちゼロ高のやることは、生徒のやる気、学びへのモチベーションを引き出すことです。いったんやりたいことが見つかれば、子どもは必ず動き出します。やる気を与えることはできなくても、対話を重ねることでやる気を引き出すことはできます。やる気を最大化できる環境、それもゼロ高の強みの一つです。

自分の意思で入学してくるバラバラの個性

開校してから、100名を超える生徒が入学してきました。新入生の子も高校を中退してきた子もいますが、共通しているのは「自分の意思で入学した」点です。

みんなの夢も、個性に富んでいます。起業家、日本でモトクロスを稼げる競技にすること、看護師、プロゲーマー、映画製作者、野球選手、プロの役者、地元の閉鎖的な学校を良くする仕事、料理研究家、城郭考古学の研究、中学校の設立……。年齢も住んでいる場所もバラバラ。たくさんの個性を持った生徒たちと共に、多様性に満ちた学びを日々積み重ねていくことができています。

日々取材に来られるメディアの方からは、「ゼロ高生は個性的な人ばかりですね！」などと言われますが、そうでしょうか？　本来、一般の高校だって、生徒の個性はバラバラのはずです。好きな物も得意な教科も、趣味も、なりたい職業も、一人ひとり違うのに画一的な教育に押し込み、平均にならした無個性な集団をつくっているだけ。16～18歳の子どもたちが、「みんな同じ」になっている方がおかしいのです。

その意味ではゼロ高は、特に変わったことはしていません。バラバラなものはバラバラなままで受け入れ、個人の気質や性向に沿ったアドバイスをしながら、各人のペースで学んでもらっています。

学校特有の同調圧力は、ゼロ高には一切ありません。そのため、自分と他の生徒との違いを理解し、個性を尊重する力が、ゼロ高生には自然と備わっていきます。

不登校生もプログラミング好きも、アクティブで社交的

入学生には中学校くらいから、ずっと不登校だった生徒も何人かいます。けれど、世間でよく言われる「一日中、部屋にこもってゲーム三昧。親との会話はゼロ。食事はドアの外から受け取り、食べ終わったら食器だけ外に置く」みたいな子はいません。

不登校の子は、ステレオタイプに「無口、暗い、コミュ障」と思われているかもしれませんが、むしろ普通の高校生より地頭がよく、よく話す子が多い気がします。本を読んだり、パソコンを触っている時間が長いからでしょうか、頭の回転も速いです。「無口、暗い、コミュ障」な子も、不登校生にはいるかもしれませんが、ゼロ高にはあまりアクセスしてこないでしょう。逆にそんな子ほど、表面上は真面目に学校に通っているのかもしれません。

やりたいことはない、友だちは別にほしくない。ほかにやることがないから、学校へ行くしかない……という感じでしょうか。中途半端に順応できてしまう子ほど、学校で無為に時間を過ごしているという皮肉が、教育現場の実情ではないかと思います。

ゼロ高生には、プログラミングが得意な生徒もいます。そういう生徒はＩＴオタクで人づき合いが苦手、みたいに思われがちですが、まったくそんなことはありません。

プログラミングスキルを持つ者として断言しますが、プログラミングは、コミュニケーション能力がないと伸びていきません。他のプログラマーと交流したり、技術の高い人に話を聞く必要があるため、それなりのコミュニケーション能力が備わっている必要があります。むしろ、一般の高校生より社交的な印象があります。

プログラミング好きのゼロ高生の中には、コンテストの入賞者もいます。彼らはやはり、話すスキルに長けています。

ゼロ高では、入学を検討しているお子さんや保護者の方々を対象に、たびたび説明会を行っています。現役のゼロ高生にも来てもらい、質疑応答に対応してもらうのですが、**その後、保護者の方にお話を聞くと、皆さん一様に「ゼロ高生の人って、こんなに生き生きしているんですね」と驚かれます。**元気いっぱいのゼロ高生の雰囲気に圧倒されるみたいです。集まると少々うるさすぎるくらいなので、僕としては苦笑いしてしまいますが、いつも生き生きしているのは、たしかです。

大人の方々には、「普通の高校に通えなかった子どもは、元気がない」という先入観があるのかもしれません。しかしゼロ高は、行動と実践の場です。**生徒はみんな、**

言いたいことを自分の言葉で発言し、やりたいことをやるために、周囲を巻き込んで活発に動いています。引っ込み思案のままでは、何も始められません。

ですから、座学に追われている普通の高校生よりも活発なのは当たり前。逆に、生き生きしていないと、ゼロ高に入学した意味がないでしょう。

もちろん、ゼロ高生全員が明朗快活であるわけではありません。かといって、無理に周囲と合わせ、活発になるよう強制したりはしません。本人の得意な形、ペースに合わせてコミュニケーションを行っています。「生徒が活発になるように、学校側がやっていることは何ですか？」と、よく聞かれますが、特別なことはしていません。シンプルに、子どもたちが本来持つ自己肯定感を取り戻す指導を心がけています。

「教育」は最小限にとどめ、自主性を信じる

ゼロ高には教師の代わりに、「コミュニティデザイナー」という役職があります。

目的は、生徒のコーチングと生徒同士のコラボレーションのサポート、そしてゼロ高というコミュニティを「デザイン」していくことです。

これまでの学校では、教師はやり方を教える「ティーチング」が90％以上で、コーチングは10％の優秀な先生のみが､個人のスキルとして持ち合わせていた状況でした。私たちゼロ高は、やり方や答えは生徒本人の力と可能性を信じ、それを共に引き出す「コーチング」を90％とする一方、ティーチングは外部のプロや社会人と協力するなどして、必要最低限にとどめています。

そして何より、生徒の自主性を尊重しています。僕たちは最低限の危ない部分だけをケアして、あとは生徒たちを信じて任せる、という方法を取っているのです。

生徒や子どもを信用しない大人は、このやり方に批判的です。しかし、そういう大人に限って、子どもが小さい間は命令形でコミュニケーションを取り、子どもが20歳を越えたとたんに「そんなことも自分で考えられないのか！」と怒り出します。

残念ながら、大人が大人になりきれていないのだと思います。

僕たちゼロ高は、ゼロ高生を一人の人間として尊重するところから始めています。

先ほどお話しした通り、ゼロ高には、時間割がありません。

入学後、教科書とレポート用紙が送られてきます。

朝早く起きて毎日コツコツ進める生徒もいれば、教科書が届いた日から全力で一気に終わらせる生徒など、やり方は本人に任せています。

ゼロ高では「ゴールはここだよ。やり方は君に任せる。困ったら、まずは生徒同士で相談してほしい。それでもわからなかったら、相談してね」と伝えます。時間割を細かく区切って、その中で正確に行う従来の授業形式と比べると、高校生には難しいのでは？　と思われるかもしれませんが、高校生は基本的に「大人」なので、できない生徒はほぼいません。彼ら、彼女らが高校生の間に自分のマネジメントを自分で行ったという実績は、時間割の中で生きてきた生徒と比べ強みになると考えています。

ゼロ高で行ってきた「学び」を引き出すイベント

次のページでは、開校からの2年弱でゼロ高で開催されたおもなイベントを、一覧で紹介しています。イベントと言っても、僕たち運営側が開催するものは毎回の入学式を除き、ほぼありません。イベントのほとんどは、ゼロ高生自らが主体的に僕たちに提案し、その結果僕たちが意義を認め、開催にこぎつけたものです。

ゼロ高の年間イベントには現在、４つの柱があります。

・堀江主宰会

３か月に一度、ゼロ高生が自分の夢やビジネスプランを堀江さんにプレゼンし、フィードバックをもらう会です。いままでに10人以上のゼロ高生たちがプレゼンを行いました。ぜひ、ゼロ高のサイトから過去の模様を見てみてください。

https://bit.ly/30SJDKX

・ゼロイチ会

月に一度、ゼロ高生が自身の活動を動画で報告する会です。ゼロ高の説明会の後に説明会に来られた方も参加可能な形式で行われることが多いのですが、新型コロナウイルスの影響で、今年の4月はＺｏｏｍで行いました。ＹｏｕＴｕｂｅで雰囲気を感じてみてください。

https://www.youtube.com/watch?v=ATWnWR18xfk

・ゼロ高文化祭

ゼロ高生が、自分たちの「没頭のアウトプット」を全国の主要都市で一般の方々に披露する会です。毎回、会場の確保から運営までを生徒が中心になって行います。これまで、インスタ映えする料理やカメラの上達法、イラストアプリの使い方、防災ノウハウといった生徒による公開講座から、似顔絵描き、針金アートの展示、自作小説の販売や演劇発表まで、来場者に楽しんでもらえるコンテンツづくりを続けています。

・ゼロ高アカデミア「ハタラクを語る」

「人生のロールモデルに出会う」をコンセプトに、さまざまな業界で活躍する人生の先輩方からお話を伺う会です。オンライン、オフラインで地方の学生も都心の学生も、同時に参加することができます。

生徒同様、ゼロ高のシステムや開催イベントも日々アップデートされていきます。昨年や今年行われたイベントが、今年も来年も行われるとは限りません。新情報はホームページで随時更新していきますので、チェックしてみてください。

- プレゼンの達人
  (HIU会員主宰のプレゼン勉強会)@東京
- ゼロ高文化祭@兵庫

10月
- ゼロ高アカデミア「ハタラクを語る」@東京
  (WASEDA NEOプロデューサー・高橋龍征氏)
- めっちゃええやん会@京都

11月
- 堀江主宰会@東京
- カードゲーム「2030 SDGs」会@東京(イマココラボ)
- 伊豆大島留学プログラム@伊豆大島

12月
- アサーションを学ぼう@東京(代表・内藤氏)
- ゼロ高文化祭@東京

2020年

1月
- ゼロ高アカデミア「ハタラクを語る」@東京
  (国際弁護士・味村祐作氏)
- ゼロ高アカデミア「ハタラクを語る」@東京
  (投資家・向後はるみ氏)

2月
- ホリエモン万博@東京

3月
- 第3回堀江主宰会@東京
- オンライン卒業式@Mineceraft

4月
- オンライン入学式@Zoom

5月
- ゼロ高アカデミア「ハタラクを語る」@東京
  (マジシャン・丸山真一氏)
- Zoom演劇会@Zoom
  (『コーヒーが冷めないうちに』著者・川口俊和氏)

6月
- ゼロ高アカデミア「ハタラクを語る」@Zoom
  (産婦人科医・稲葉可奈子先生)
- 堀江主宰会@Zoom

ゼロ高でこれまでに開催された主なイベント例

2018年

10月 ゼロ高入学式@静岡県ゼロの郷
（SHOWROOM・前田裕二氏参加）

12月 ゼロ高文化祭@東京

2019年

2月
- ホリエモン万博（ゼロ高生によるブース出展）@東京
- English Company（英語の速習イベント）@Zoom
- 高校生による地方再生サミット@東京

3月
- 東大見学ツアー@東京

4月
- 入学式@日本科学未来館
（ゼロ高顧問・坪田信貴氏、堀潤氏参加）

5月
- 農業実習@山梨県北杜市

6月
- キャリア教育プレゼン見学@品川女子学院

7月
- 伊豆大島留学プログラム@伊豆大島
- ゼロ高生によるゼロ高未来会議@Zoom

8月
- 教育の最前線を知る会（代表・内藤氏ゲスト講演）@東京
- めっちゃええやん会@京都
（ゼロ高生主催による、自己肯定感を高めるオフ会）
- StartupBase U18@東京
（全国の高校生によるビジネスプランのプレゼン大会）
→ゼロ高生優勝
- SonyによるAIの授業@東京
- 堀江主宰会@東京
（ゼロ高生によるホリエモンへの夢プレゼン）

9月
- ゼロ高アカデミア「ハタラクを語る」@東京
（ハーバードビジネススクール留学生・笹子康裕氏）

テストや偏差値から「ストーリー」の時代へ

いま、高校生が高校へ行く目的って、何でしょうか？

中卒だといい仕事に就けないから、とりあえずみんな行くから、大学へ行って就職するために最低限必要だから……。

ゼロ高という、新しい学生のためのコミュニティをつくる時に悩んだのがゴール、つまり目的をどう設計するかでした（それはいまでも悩み続けています）。

社会で活躍している、楽しく働いている人とそうでない人の違いは何なんだろう？と、自分なりに考え、調査しました。**その結果、わかったことがあります。**

それは、「その人自身が共感を呼ぶストーリーを持っているかどうか」です。

世界的に有名な草間彌生さん、本田宗一郎さん、SHOWROOMの前田さん、キングコングの西野さん、そして堀江貴文さん。みなそれぞれにストーリーがあります。

つまり、学校の成績や偏差値ではなく、その人が何を感じ、何をしてきたのかというストーリーが、人の心を動かす時代になってきているのです。

工場中心から、人間中心の資本主義社会へ変わっていく中で、ゼロ高がゴールとするのは、大学の入学数でも就職先の企業数でもなく、「ゼロ高生がやってみたい、やってみたという体験のストーリーを、生徒と一緒に描いていく」ことです。


僕自身が、繰り返し生徒たちへ伝えていることがあります。

「僕は君のこれまでの、そしてこれからの物語を何も知らない。だから、自分でつくり上げて僕に教えてほしい」と。

ゼロ高生には卒業するとき、誰かにこう語れるようになってほしいと考えています。


私は、ゼロ高というコミュニティで学びました。

私はその中で、自分だけの物語を紡いできました。

たとえば、ストーリー1、ストーリー2、ストーリー3。

ストーリー1の中で、◯◯をやり、◯◯を学びました。

ストーリー2の中で、◯◯をやり、◯◯を学びました。

ストーリー3の中で、◯◯をやり、◯◯を学びました。

そして私はいま、4つ目のストーリーとして○○をやろうとしています。その理由は△△をやってみて、□□が面白いと思ったからです。

名門大学の集まるアメリカのアイビーリーグでは、大学進学希望者の共通試験であるSATやACTに加え、個人の経験を綴ったエッセイが評価されます。また、日本国内でも、AO入試の比率が高くなってきています。

ゼロ高の取り組みは決して異端ではなく、フィンランドやオランダのような教育先進国と同じ、学びのスタンダードなのです。

仕事で笑いが生まれたら、最高

僕は、ウェブエンジニアとしての道を歩み始めてから、人生が変わりました。「働くって楽しいことなんだ」と知ることができました。

それでも高専出身の人や、大学で情報学を学んできたエンジニアの基礎力の高さを羨ましく思うことがありました。美大を出たデザイナーも羨ましかったし、広告会社から転職してきたマーケターも羨ましかった。「そんな道があったということをもっと早く知っていれば、人生は違ったんじゃないか？」と、たびたび思わされました。

ゼロ高は、高校での6千時間を大学進学だけでなく、個人の可能性の最大化に使います。自分がやってみたいこと、興味のあることが社会とどう関わっているのか、それは社会で通用するのか、といった答えを探し出すことに充分な時間を設けています。

ゼロ高生以外の中高生にも知っておいてほしいのです。満員電車に毎朝乗り、死んだような顔をして生きるだけの道以外にも、選択肢はあるということに。

働くというのは面白くて、知らなかった人たちと出会って、誰かに価値を届けて喜ばれて、笑いながら生きることができるんだよと、僕は明確に伝えたいのです。

イケている大人の見きわめ方

僕は、学生の成長には「イケている大人との出会い」が不可欠だと考えています。

いま、本書を読んでいる人の中で高校進学を迷っている人は、親や先生以外にもいろいろな経験をしてきた大人に、自分の未来について、積極的に相談してみてください。そして、「生きることを面白がっている大人」を見つけてほしい。教科書より何倍も豊かで、生きていくことに直結する知識を、きっと教えてくれるはずです。

僕をはじめ、ゼロ高に関係している大人たちは、全員が自分の人生を面白がっています。身の回りにそんな大人が見つからなければ、遠慮なく相談に来てください。ゼロ高に入学するしないにかかわらず、僕たちは必ず相談に乗ります。

一つ、大人に相談したり話を聞くうえで、気をつけてほしいことがあります。それは「自分のことをきちんと考えてくれている大人かどうか、見きわめること」です。

きちんと考えてくれない大人は、総じて「常識的に、一般的に、当たり前」という表現や否定的な言葉ばかり使い、未来の可能性の話をしない代わりに自分の過去の話ばかりする傾向があります。

反対に、きちんと考えてくれている大人は「一緒に悩む」「子どもの考えを聞く」「自分の体験や、友人、知人の話など、自分たちのストーリーを話す」「なぜそう思うのか？　なぜそうした方がいいのか、理由を話す」ことを面倒くさがりません。

たとえば、「勉強は社会に出たときに必ず役に立つから真面目にやっておきなさい」

などと頭ごなしに言うだけの大人は、きちんと考えてくれない人です。一般論で物事を語る大人は、経験値の低い子どもの意見を否定しがち。信用しない方が賢明です。

でも「いま仕事で、年間の長期計画をエクセルでつくっているんだけど、数学は結局、使うことになるんだよね。最低限関数は理解できていないとキツイ」というような話をしてくれる大人は、きちんと考えてくれる人です。具体的な自分の経験にもとづいて、子どもの意見を考慮しながら、誠実に向き合ってくれるでしょう。

堀江さんも言っていますが、とにかく、いろいろな大人とたくさん出会うことが大事です。社会に出るということは、大人と関わらざるをえないということ。若者だけで完結する社会は、どこにもありません。大人と交流する経験を早いうちにすませておけば、普通の学生より何年も早く、社会で戦う能力を磨くことができます。

HIUとのコラボレーションの面白さ

先ほどお話ししたように、ゼロ高生は、学びながらHIUの方々と自由に交流できます。最近では今年の2月、HIUメンバー有志で行われる「大人が手がける文化祭」として毎年1万人規模の動員を記録する、「ホリエモン万博」に参加しました。
六本木の会場にブース参加し、学内で手がけたプロジェクトや旅行のレポートを発表する一方、万博の出し物にも演者として加わりました。ゼロ高生４名が、ＨＩＵメンバーの演出したミュージカル「クリスマスキャロル」に、出演したのです。

https://www.youtube.com/watch?v=qB3nmzsY1X4

４名は最初、演劇経験がほぼゼロの状態でした。稽古時間は短く、セリフやダンスも多かったので、僕たちも直前まで「できるのか?」と不安だらけでした。しかし、「できるかできないかじゃなく、まずやってみる！」これがＨＩＵとゼロ高に共通するスローガンです。一致団結して、ミュージカルの本番を迎えました。

結果は大成功でした。ゼロ高生は堂々とした歌声と芝居をお客さんの前で披露し、拍手喝采を受けました。ＨＩＵの方々の厚意、そして堀江さんのサポートのもと、若い彼らは、やればできる！　という大きな学びを得ることができたと思います。

ＨＩＵとの相互交流により、ゼロ高生は普通の大学生よりもはるかに早く、ビジネスの最前線の空気に触れることができます。他の学生が就活を始める大学3年のとき、やっと得られる社会人としての気づきを、高校1年生で経験できています。10代後半から20歳くらいまでこの数年のリードは、とても大きいと考えています。

「やりたいことが見つかるのは幸せ」という呪い

ゼロ高には全国の中学、高校の学生から毎日のように、「やりたいことがわからない」「いつかやりたいことは見つかるでしょうか」という相談が届きます。相談に僕が答える前に、一緒に考えてみましょう。

「やりたいことがない」の何が問題なのでしょうか？　それが悩みとなってしまう背景について、少し考えてみます。

「やりたいことがない」という悩みは、いくつかの理由が積み重なって、出来上がったものだと思います。**わかりやすい要素としては「やりたいことがある大人は楽しそうに生きている」と、「やりたいことがない大人は我慢しながら生きている」**の2つ。この2つのイメージが合わさって、「やりたいことが見つからない＝将来お先真っ暗」と思い込んでしまうのではないでしょうか。

もはや根拠のない「呪い」ですね。やりたいことは特別な人にしか見つけられない、秘宝であるかのように惑わされる、タチの悪い呪いです。

やりたいことがないから働きたくない、学生のままでいたい、というか何にもしたくない……という呪いにかかって思考停止している学生は、少なくありません。

有名大の現役生が「就職なんかしたくないよ」と親に愚痴り、親御さんが高い学費の意味は何だったのかと、ため息をついている場に遭遇したことがあります。

こんな悲しい状況で、どうやって「やりたいこと」が舞い降りてくるでしょうか？

少し、考え方を変えてみましょう。

「自分の中にある好きなもの」に気づくことの大切さ

プエルトリコヒメエメラルドハチドリって、知っていますか？

プエルトリコでのみ見つかる貴重な鳥で、オスとメスで色が違います。オスの羽は自然のものとは思えない、光り輝く緑色。おとぎ話に出てきそうな、美しい姿です。

あなたは、プエルトリコヒメエメラルドハチドリの美しさに感動し、鳥類を保護する仕事に就きたいと考え、そのためにどんな資格と技術と知識と機会が必要かを、学び始めたとします。やがて仕事を通じて素敵な人たちに出会い、さまざまな困難を乗り越えながら、プエルトリコヒメエメラルドハチドリのために仕事を続けていきます。

さて、その過程の中、あなたはプエルトリコヒメエメラルドハチドリの実物を、一度でも見たでしょうか？ この鳥は希少種なので、よほどの研究者でも見ることができないと言われます。けれど、ただ魅力にハマり、好きの力で、研究を続ける意欲。それが「やりたいこと」の本質なのです。

肝心なのは、自分自身のプエルトリコヒメエメラルドハチドリの存在に気づくこと。ボリビアのウユニ塩湖でも、ナイアガラの滝でも、中国の四川省にある楽山大仏でも、屋久島の縄文杉でも、何でもいいのです。

写真でしか見たことはなくても、**「自分が好きなものが、この世に確実に存在している」という認識が、「やりたいこと」を発動するきっかけになります。**魅力のある出会いにワクワクする。それに勝る学びの動機はありません。

126 見つけようとする限り、自分の道は必ず見つかる

学校に月曜日から金曜日、もしくは土曜日まで通い詰め、放課後は学童や塾などに通う中で、子どもたちがワクワクに出合う時間はどのくらい残されているでしょうか。

ゼロ高では、大学進学のための勉強の時間を頻繁に見直しています。大学進学のために浪費される時間を減らし、課外活動の時間を増やしていくことで、生徒それぞれのプエルトリコヒメエメラルドハチドリが見つかる仕組みづくりをしています。

とはいえ、僕たちがいくらプエルトリコヒメエメラルドハチドリを放っても、生徒がワクワクするものはカラスかもしれないし、スズメかもしれないし、ハトかもしれない。それでいい。何だっていいのです。

生徒が誰と何をしているときに感動し、ワクワクし、安心を感じるのかは、生徒本人が決めること。決して、誰かに強要されるものであってはならないのです。

行ったことのないお店、ふだん通らない道、いままで遠回りしていた駅……そういうところにワクワクとの出合いがあるかもしれません。友だちの話やマンガ、小説や

アニメの中に転がっているかもしれない。ほんの少し、いつもと違うところに落ちているかもしれない、自分だけのワクワク探しを、ゼロ高では推奨しています。学生みんなに伝えたいのです。いま、この瞬間からワクワクを見つける意識が大事。小さなワクワクで大丈夫。プエルトリコヒメエメラルドハチドリは、姿を見せなくても、あなたのすぐ側で、羽を休めているかもしれません。

「プラマイゼロ」から小さなイチを足していく

ゼロ高に来るまでの子どもたちの大半は、学校で自己肯定感を削られまくっています。先生や親に押しつけや強要を加えられ、やってはいけないことばかりを教えられ、行動への意欲を封じられてきました。

本当は勉強について行けなくてもいいし、友だちとうまく関係を築けなくてもいいはずなのに、それができない子は「ダメ」だと、刷り込まれてしまっています。

自分を肯定する機会が、ことごとく奪われてしまった。気持ちのうえで大きなマイナスを抱えたまま、ゼロ高に入学してきます。

そこでいきなり「意欲的に行動しよう！」と呼びかけても、ムリというものです。まずマイナスを、プラスマイナスゼロくらいまで、引き上げてもらうよう試みます。具体的には、「成功体験の創出」を根気強く続けます。

たとえば、ゼロ高のプラットフォームであるFacebookグループで質問に答えてくれただけでも、「きちんと返事ができるのは偉い」とか「文章が上手だね」と、褒めます。甘やかしているのではなく、本当にそう思うからこそ褒めているのです。

相手は「こんな小さなことでも褒めてもらえるんだ」と、自信になります。どんなに小さくても自信が生まれると、それは成功体験として記憶されるのです。

課題を提出してきた子が「忙しくて、これだけしかできていません……」と申し訳なさそうにしていても、「そこまでできたのはすごい」「君なりに頑張ったね」と伝えます。学校教育では、できていないことを挙げ連ねて叱るのでしょうけれど、それでは子どもは萎縮し、自己否定を強めてしまいます。「ありのままの自分を認める」という自己肯定感が上がらないことには、行動意欲を持てるはずがありません。

ゼロ高では学校教育での減点主義を一切やめ、いいところを見つけて褒める、加点主義を基本にしています。当然、約束を破ったり、その子にとって不利益につながる失敗はきちんと指摘し、改善を促します。

ゼロ高側は、生徒が自信を積み重ね、「プラマイゼロ」からプラスを生みだしていく成功体験のプロデュースに徹しています。基本になるのは、コーチング理論です。やる気になりさえすれば、子どもは自分で動き、自力で伸びていきます。**自己肯定感が高まれば、「社会の中で自分はどうありたいか」という問いが始められます。**

ゼロ高は失敗の数や、学習能力には重きを置いていません。失敗、赤点、大いに結構です。そこから何度でも改善を重ね、自己肯定感を高め、チャレンジを恐れないタフな人間に育ってくれることを願っています。

生徒それぞれが多くの行動を経ていかに人と関わり、自分の足で立ち、食べていくのか。答えを出せる大人になってくれたら、それはゼロ高にとって最高の喜びです。

教育は、あくまで手段。目的ではありません。

子どもたち自身が「自分はどう評価されるのか」ではなく「自分は何をしたいのか」と考えることのできる学びの環境を、これからも生徒たちと一緒に耕していきます。

Chapter 4

7人のゼロ高生

現在１００人を超えるゼロ高生の中で、
ずば抜けた行動力を持つ７人を紹介する。
さらに没頭力が高まれば、
面白いことになりそうだ。
本書で僕も内藤君も伝えているが、
これから価値を持つのは偏差値ではなく、
「行動によって紡がれる物語」だ。
彼ら・彼女らの物語は、まだ序章に過ぎない。

尼崎《あまがさき》双葉《ふたば》［1期生］

撮影：ワタナベロク（ゼロ高生）

100名以上いるゼロ高生の中で、生徒たちから「多動力がすごい！」と名前の挙がる、行動派の尼崎双葉さん。中高一貫の名門女子校に通っていたが、中学卒業後に附属高ではなくゼロ高の道へ。

HIUのエンタメグループで「16歳の門限サバイバル」、求人グループで「16歳の社会科見学」というスレッドを立て、活動を引っ張る。夜9時という家の門限と戦いながら、多種多様な職種を体験し、この1年間、見聞を広げてきた。

夢は、「心と体を同時に治療する治療家」。

現在は表参道の美容院で小顔マッサージの施術者として働きながら、夢へのステップを着実に登っている彼女。鍼灸師、あん摩マッサージ指圧師、臨床心理士などの資格取得も目指し、専門学校や大学院への進学を考えている。

学校に通うよりも独学の方が面白かった

中学を卒業するまでに通っていた中高一貫の女子校は、すごく楽しかったです。先生たちも知らない世界をたくさん教えてくれて、いい学校だったんですけど、とにかく時間がなさすぎました。

私は中学1年のころから毎日、勉強とダンス部の活動に明け暮れていました。とても楽しく充実していましたが、その分自分自身について考える時間があまりにもなさすぎて。このまま学校に通っていてもいいのかな……と、悩んでいました。

学校では、勉強の進め方に少し不満がありました。私は数学が苦手で、しょっちゅう補習を受けさせられていました。でも、どうしても数学には興味が持てなくて、数学の勉強とは距離を置きたいと思っていました。

中学3年に上がる年の2月に1か月学校を休んで、進路を考えていました。

そして、「学校で嫌いなことに時間を使わされるより、学校以外で好きなことを学ぶことに使いたい」と考えたんです。

勉強の中では、日本史が好きでした。特に戦国時代と幕末に興味があって、図書館で歴史の本を借り、自分で勉強を深めていました。本には授業では教えてくれないことがたくさん書いてあって、学校に通うよりも独学の方が面白いと感じるようになりました。

学校では進路相談もできましたが、一般の全日制高校から大学に進学する前提で設計されていて、私には向いていないと感じました。

休学中に、いろいろ通信制の高校を調べていた中で、ピンと来たのがゼロ高でした。相談会に行って説明を聞いているうち、ここに通おう！　と決めました。

親からは最初は反対されましたが、ゼロ高は自分のやりたいことができるベストの環境だと思ったので、親に一生懸命プレゼンし、何とか入学の許しを得て、いまゼロ高生として頑張っています。

他の通信制とは違う歴史の浅さがゼロ高の魅力

ゼロ高では勉強の課題を進めつつ、会ってみたい方に会いに行く「ひとり社会科見学」や、イベントの企画主催なども行っています。

ホリエモン万博などの大規模なイベントの運営では部門リーダーに就かせていただき、「人を動かす側」の役割も経験しました。いまは、このような学校では学べなかった社会人としての見聞を広めることに、好きなだけ時間を使えています。

小顔マッサージの仕事は、業務委託という形でやらせてもらっています。仕事をしながら鍼灸や指圧の資格を取り、大学院で心理の勉強もしたいです。10年後には、女性の心の不調に寄り添う、マッサージを採り入れたカウンセラーになりたいと思っています。今年の春、堀江さんに直接、その夢をプレゼンする機会をいただきました。堀江さんには「プロアスリートの個人トレーナーはお薦め。女子ゴルファー専属とか、いいんじゃないかな」とアドバイスいただきました。興味があるので、やってみようと考えています。将来は結婚するかは別にして、自分の子どもを育てたいです。

ゼロ高の魅力は、「いい意味での歴史の浅さ」です。開校したばかりで、なんにもルールがない。だからこそ生徒発信で、ゼロからやりたいようにシステムをつくっていけます。学校任せではなく、自分次第。私の性格に合っているので、充実して過ごすことができています。

谷垣槙《たにがきしん》［1期生］

ゼロ高在学中に「高校生鮨職人」となった谷垣槙さん。堀江氏のアドバイスで千貫以上の鮨を握り、ほぼ独学で技術を身につけた。内藤氏の紹介で神戸の有名鮨店に在籍、プロの職人として働いた経験も持つ。ゼロ高発足時に堀江氏が語った「高校生が握る鮨でミシュランの星がつく店をやりたい」という夢を、谷垣さんは実現させてしまうかもしれない。

鮨職人が一人前になるのに必要とされる「飯炊き3年握り8年」の修業を、「あんなのアホでしょ。ご飯炊くのは炊飯器でいいやん」と堂々と言ってのける。鮨職人以外にも興味の幅は広く、「鮨にこだわる理由もないと思って。宇宙にも興味があるし」と語る。

常識から離れ、好きなことを一つに絞らず、ひたすら行動を重ねながら、チャンスに夢中で飛びつく。ゼロ高の精神をダイナミックに体現している、象徴的な現役生の一人だ。

目の前の実をためらわずに、狩る

中学を出て、地元兵庫の田舎にある高校に入りました。将来はトヨタに就職しようか、とかぼんやり考えたりする中で、とりあえず高校は行くものだと思いこんでいました。振り返れば、日本の教育に洗脳されていましたね。

高校は入ってすぐ、「辞めよう」って決めました。何が嫌とかではなくて、全体的につまらなかった。雰囲気というか、同級生の中でも、面白いと思う人はほとんどいませんでした。みんな「学校に行くの、面倒くさい」とか「勉強、嫌やぁ」とか言うわりに、学校に来ている。授業が始まれば、先生たちは「就職か進学か」みたいな話ばかり。時代がものすごいスピードで変化していく中で、時が止まったかのような環境。こんなの楽しくないし、時間のムダだなあって思っていました。

通っていた高校は、僕がいたいと思うところとは違っていました。そう思って、ネットでいろいろと調べていたときに引っかかったのが、ゼロ高だったんです。

ここが理想の学び舎や！　と思ったからというより、目の前に美味しそうで見たことなない実がなっていたから、取ってかじってみた。それだけです。

やりたいこともするのも好きなことをするのも、同じ感覚です。とりあえず飛びついてみる。その後のことは考えない。まず、アクションを起こす。

そして、その後の好き嫌いの感覚を大切にする。好きなら続けるし、嫌ならやめる。僕は、ゼロ高という実をかじってみてよかったと、心から思っています。

行動力と断捨離力を好きなだけ発揮できる

ゼロ高に入ると、大阪や東京へ行く機会が増えそうでした。交通費を稼ぐために、地元の居酒屋でアルバイトを始めました。その時『堀江貴文VS．鮨職人　鮨屋に修業は必要か？』を読んで、むちゃくちゃ面白いと思いました。

読んだ次の日から、YouTubeなどで調べて鮨を握り始め、日に日にハマっていきました。たしかに、修業で学べることはあるかもしれない。だけど、ネットで調べれば大量の情報がタダで手に入る。だから、修業は必要条件ではないなと思いました。いまの世の中にはインターネットという素晴らしい環境が整っているのだから、情報を自分から「狩る」と同時に行動することが、何よりも大事だと思います。

鮨を握り始めてから2か月後くらいに、堀江さんから神戸の鮨店「ながり鮨 錬」を紹介していただき、お世話になっていました。いずれ自分の店を持つ考えもありますが、そのためには経営など鮨以外にも必要な知識がたくさん出てくるし、いろいろな勉強をしていると楽しくて、鮨以外にも興味がわいてきています。一見鮨とつながっていないように思えても、意外なところでつながっていたりするので、ワクワクしています。

現在、僕は「鮨をエンタメ化したい」という思いのもとで動いています。新型コロナウイルスの影響もあり、大変なところもありますが、逆にいまだからこそ行動していこう、と思えます。

ゼロ高にいると、本当にいろんな人がいるので楽しいし、人脈も広がります。その反面、自分から動かず受け身の姿勢のままでいては、普通の通信制高校となんら変わらないかもしれません。だからこそ、自分から声を大にして動いていけば、本当に楽しい高校であることは間違いありません。

自分から動いてこそ、本当のゼロ高の魅力を感じることができると思います。

菅野優杏《かんのゆあん》［0期生］

福島在住の菅野優杏さん。勉強をしながら、地元を拠点にイベント企画、商品開発、被災地訪問、勉強会ツアー、県内イベントの運営スタッフほか、多数のプロジェクトに関わっている。また音楽ライブを通じた社会貢献プロジェクト「Rock Corps」にスタッフとして参加、福島で展開するガールズアクセサリーブランドの研究員など、活動の幅を拡大中だ。

自身の立ち上げたプランで、高校生・高専生のための起業体験プログラム「Startup Base U18」において最優秀賞を獲得した。起業家としての成長も期待される。

ビジネスだけでなく、学業にも手を抜かない。英語力を生かし、スタンフォード大学のオンライン講義で、独自にグローバルな知識を学んでいる。入学直後から旺盛な行動力を発揮している、注目の「多動力JK」だ。

「テストのために時間が奪われるのは違う」と感じた

中学の頃から、勉強は好きでした。教科書に書いてあることだけでなく、歴史や世の中のことにも興味がありました。授業以外のディスカッションも面白かったです。高校に行けばもっと深い勉強ができるだろうと期待して、地元の進学校に進みました。だけど学校では、当たり前だけど受験用の勉強ばかり。私の学びたいこととは真逆で、もの足りませんでした。授業でもっと掘り下げて聞きたい部分とか、進行の都合で流されてしまい、図書館で調べたりしていました。

私は語学が好きで、中学時代から英語のほかにロシア語も勉強していました。高校には教えてくれる人がいないから、独学するしかありませんでしたが、学校の授業のペースが速く、語学を進める時間が減っていきました。

進学校なので授業についていくための勉強で忙しく、校内テストとかワークの問題を覚えるためにやりたいことが削られていく。なんか違うなぁ……と感じていました。

高校1年の10月半ばまで通ったあとは一切、行かなくなりました。担任の先生からは「冬休みに講習を受ければ、みんなと一緒に進級できるよ」と言われたのですが、いま戻っても同じことの繰り返しになると思い、退学を決めました。

学校に行かなくなったときに母がゼロ高を見つけてくれて、どう？　と私に勧めてくれました。ここなら私のやりたいこと、勉強したいことが一緒に進められそう。そう感じて、2019年の3月に入学しました。

「当事者意識」を持って動くことの大切さを知れた

地元の学生団体に所属する一方、福島の女性たちが立ち上げたアクセサリーブランドで働いています。東日本大震災後に、福島の女性たちが中心になって立ち上げた会社です。福島県内の伝統工芸品と「かわいい」を掛け合わせた、いろんなアクセサリーを販売しています。私以外にも、周りの若い人の意見も採り入れた商品を開発中です。県内の事業者さんと組みながら、地元を盛り上げていこうと頑張っています。

私たちの力で、福島の魅力を広げたい。それにはまず、福島についてもっと勉強しなくてはいけません。いろんなプロジェクトをやっていますが、行動するほどに、自分の知識と経験の足りなさに気づかされます。被災地の視察に行ったり、東京電力廃炉資料館を見学したり、事業を手がけている大人の方から話を聞いたり、とにかく自分から学びに行っています。当事者意識を持って動くことが大事だと思っています。

ゼロ高を選んで、本当に良かったです。他の通信制高校とは違ってカリキュラムがきっちり決まっているわけではなく、勉強と行動の両方を自分の意志で進められます。何をやってもいい。何でもできる。私にとっては、合いすぎるくらい合っていました。

ゼロ高のみんなとも、よくオンラインで交流しています。『走れメロス』など、誰でも知っている物語を、覚えている知識だけであらすじを数珠つなぎしていく遊びなどを楽しんでいます。雑談の中で知的な遊びができる友だちが多く、刺激になりますね。

ゼロ高に入って、価値観はより広く柔軟になりました。まだまだ改善の余地はありますが、人への伝え方も、より工夫できるようになりました。哲学とか、普通の高校では学べない勉強もしたい。仲間とのプロジェクトや、ネットを使ったアクセサリービジネス、社会貢献活動など、やりたいことはあふれ出てきています。ＪＫブランドが使えるのもあと少し。使えるうちにやれることをやり尽くして、もっともっと成長したいです。

有《あり》馬《ま》拓《ひろ》希《き》［0期生］

有馬拓希さんはゼロ高の最初の卒業生の一人。大阪の有名進学校に通っていたが中退、ゼロ高に編入した。

在学中からクラウドファンディング、インターン、演劇主催など多彩な行動で実績を残し、卒業後は自身の運営するコミュニティ「U25チームKeyBo」の代表を務める。学生オンラインメディア「ガクセイ5・0」の編集長もこなし、意識の高い情報発信を続けている。SNSなどで「夢は希望への道を切り拓くSHOWMAN」「メディアとコミュニティにより希望の連鎖を」などポジティブなワードを掲げ、多動力全開で活動中。ゼロ高以外の学生たちからも支持を集め、オピニオンリーダーとしての存在感も高めつつある。

ゼロ高で培ったスキルや人脈を生かし、さらなる行動のジャンプを遂げようとしている、今後注目の0期生だ。

友だちの誘いで進学校を一緒に中退

大阪の高校に通っていた頃に、勉強する意味を見失いました。高校では、生徒会にも所属していました。はたから見れば、いわゆる「意識高い系」だったと思います。でも、その中で出会った人たちを見ていて、勉強の意味を考えるようになりました。考えているうちに、自分で起業したい気持ちがだんだん膨らんでいきました。

あるとき同級生が「高校を辞める」と言い出しました。「ここに行く！」と教えてくれたのが、ゼロ高でした。学校内で活動が完結するのではなく、社会とダイレクトに関わることが学びになる。そんなシステムが、とても魅力的で、僕の求めている行動が、この学校なら思い通りにできそうでした。友だちに「有馬も来ない？」と誘われ、急やなぁと思いつつ、面白そうだったので一緒に行くことに決めました。

学年でふたりの生徒が同時期に中退を申し出たので、学年主任と担任には、めちゃくちゃ引き留められました。「大学には進めるのに、どうして辞めるの？」と。でも結局、「自分自身の道は自分で決めたい」と、意志を貫きました。

両親にも反対されましたが、じっくり説得しました。ゼロ高へ編入する不安は、なかったです。ワクワクの方が大きくて。「自分は変わる、動きだすことで変われるんだ!」という予感がありました。その予感は、大当たりでした。

若い人たちに、変わるきっかけを与えたい

入学してすぐに「ゼロ高と言えば有馬でしょ!」という存在になりたくて、谷垣槙など、スピード感のあるヤツと一緒に動き出しました。SNS発信やイベントの企画、社会人の方へのコンタクト、主催させていただいた演劇イベント「クリスマスキャロル」など、活動しまくりました。友だちが増え、社会人の方々とのご縁も育ちました。

けれど失敗も、たくさんしました。ゼロ高のFacebookのスレッドを立てるのに暴走したり、有名な起業家を招いたイベントの集客を見誤って大コケしたり……何度も痛い思いをしました。ゼロ高生で一番怒られたのは、僕かもしれません(笑)。

進学校に通っている頃までは、何でも完璧にできることを目指していました。けれどゼロ高で多くの行動を経てからは、完璧より、改善の方が大事なんだと学びました。

卒業してからは、若い人たちが中心となるコミュニティづくりに、全力で取り組んでいます。仲間と一緒に「ガクセイ5・0」を立ち上げました。メディアとコミュニティをかけ合わせた、メディア型コミュニティのプロジェクトです。

将来に向けて情報を得られる環境が、普通の高校生にはすごく少ないと感じています。「ガクセイ5・0」は10代で起業するなど、ゼロ高で身につけた多様な選択肢をわかりやすく伝える場でありたい。人と人とをつなげたり、講演会を開いたり、多くの若い人に変わるきっかけを与える活動を、ビジネスとして続けたいと思っています。

オンラインサロンも立ち上げます。ゼロ高の生徒も関わってくれることになりそうです。みんなと、これからの具体的なプランを考えています。

ゼロ高を卒業するとき、新入生や、入学を考えている人に向けてこう言いました。

「みんな、覚えておいてほしいです。自分の人生、自分の命っていうのが、何より大事だから。自分は傷つけないでいいし、自分に対して厳しくしすぎなくていい。そうしてしまったら、人生を楽しめなくなります。」と。

挑戦したいことがあれば、まず一歩を踏み出してほしい。失敗しても、改善すれば大丈夫です。自分自身を大切に、リスクを恐れず、踏み出してほしいと思います。

中村《なかむら》歌歩《かほ》［1期生］

愛知県在住の中村歌歩さん。全日制の高校に通っていた頃に妊娠。母親の勧めでゼロ高に転入した。現在は子育てと勉強に日々明け暮れる、高校生シングルマザーだ。

出産してから、人生観が変わった。「24時間という時間の中でどれだけ自分のために動けるか」「明日やろうは馬鹿野郎、をモットーに生活するようになりました」と語る。ゼロ高の環境は、子育てに対する理解も深い。生徒間に10代の母親への偏見はなく、育児を優先する中村さんへの学習支援も整う。「全日制に通っていた頃よりも勉強が楽しく感じるようになりました」という。

入学後にベビーフードコンサルタントの資格を取得。いまは看護師に向けて勉強しつつ、コンセプトカフェの経営も目指している。10代で赤ちゃんを産み、子育てしながら学びを身につけるインフルエンサーとして、ゼロ高スタッフからも期待される存在だ。

最初の面接で、やる気に火がついた

全日制の高校には、１年ほど通っていました。２年に進級するタイミングで、妊娠がわかりました。いろいろあって、未婚で産むことと、ゼロ高への転学を決めました。中学校から仲のいい友だちと一緒に卒業したい気持ちもあり、残念でした。状況が許されれば、そのまま通っていたと思います。でも出産も退学も、自分で決めたこと。決めたことは前向きにとらえて、次の道へ行こうと切り替えました。

母親は、私に高卒の資格だけは取らせたい気持ちがあったみたいです。以前から堀江さんのファンだったらしくて、ゼロ高に行ってみたら？　と勧められ、入学を決めました。当時の私は、堀江さんのことをほとんど知らなかったし、通信制高校がどういうものかもよくわかっていませんでした。教室に黒板があって、みんなと同じ授業を受けて勉強するのが当たり前だった環境から、いきなり全部学校の外で、しかも自分のペースで勉強する環境に変わるわけじゃないですか。プランを立てて、ちゃんと学んでいけるのか？　最初は、不安しかなかったです。

入学面接のとき、ゼロ高代表の内藤さんに言われました。「はい上がってこい」と。それって、ある意味失礼ですよね。子どもを産んで、全日制を退学したのは落ちこぼれみたいな……。いまになれば内藤さんの真意を理解できますけど、言われたときは、めちゃくちゃ腹が立ちました。

聞いたときに「じゃあ、はい上がってやる!」と、発奮しました。ゼロ高とのファーストコンタクトで、行動する意欲に火がついた感じですね。

ゼロ高の満足度は、ほぼ100%

生活の方は最低限母に補助してもらいつつ、娘との暮らしは妊娠中にアルバイトで貯めたお金で生計を立てています。以前は家族との時間をあまり取れていなかったのですが、ゼロ高生になってからは家にいることが増え、家族の仲がより深まりました。

娘はいま生後10か月(9月時点)。ベビーフードコンサルタントの資格を取ってからは毎日、娘の離乳食を手づくりしています。離乳食はInstagramに投稿しています。わりと評判が良くて、雑誌「サンキュ!」から掲載のご依頼をいただきました。アフィリエイトにも少しずつ、手をつけています。

ゼロ高生のリアルの集まりには、あまり行けていません。友だちと言える人もまだ少ないですが、それでいいかなと。やりたいことが本当にたくさんあって強い個性の持ち主ばかりだから、特にまとまる必要はないと思っていて。私自身、やりたいことを好きにやれているので、友だちづくりに関しては気になりません。生徒の中では尼崎双葉さんに、ひそかに憧れています。彼女の行動力はすごくて、尊敬しますね。

将来は、妊婦さんが気軽に立ち寄れるカフェを開きたいです。妊娠中は高血圧などになりやすく、食べられるものが限られてしまいます。子連れだと、お店では落ち着いて食べられないし、他のお客さんの視線も気になります。ママが落ち着いて入れるカフェって、意外と少ないんですよね。私も妊娠しなければ気づかないことでした。

子育て中のお母さんたちが息抜きできる場所をつくっていきたい。そのために、カフェ経営に必要な知識を学んでいくつもりです。

ゼロ高の満足度は、１００％に近いです。基本ノータッチな教育なので、生徒も伸び伸びとやりたいことに没頭できます。娘との時間も取れるし、心の底からゼロ高を選んで良かった！　と思っています。

高橋一創《たかはしいっさ》［1期生］

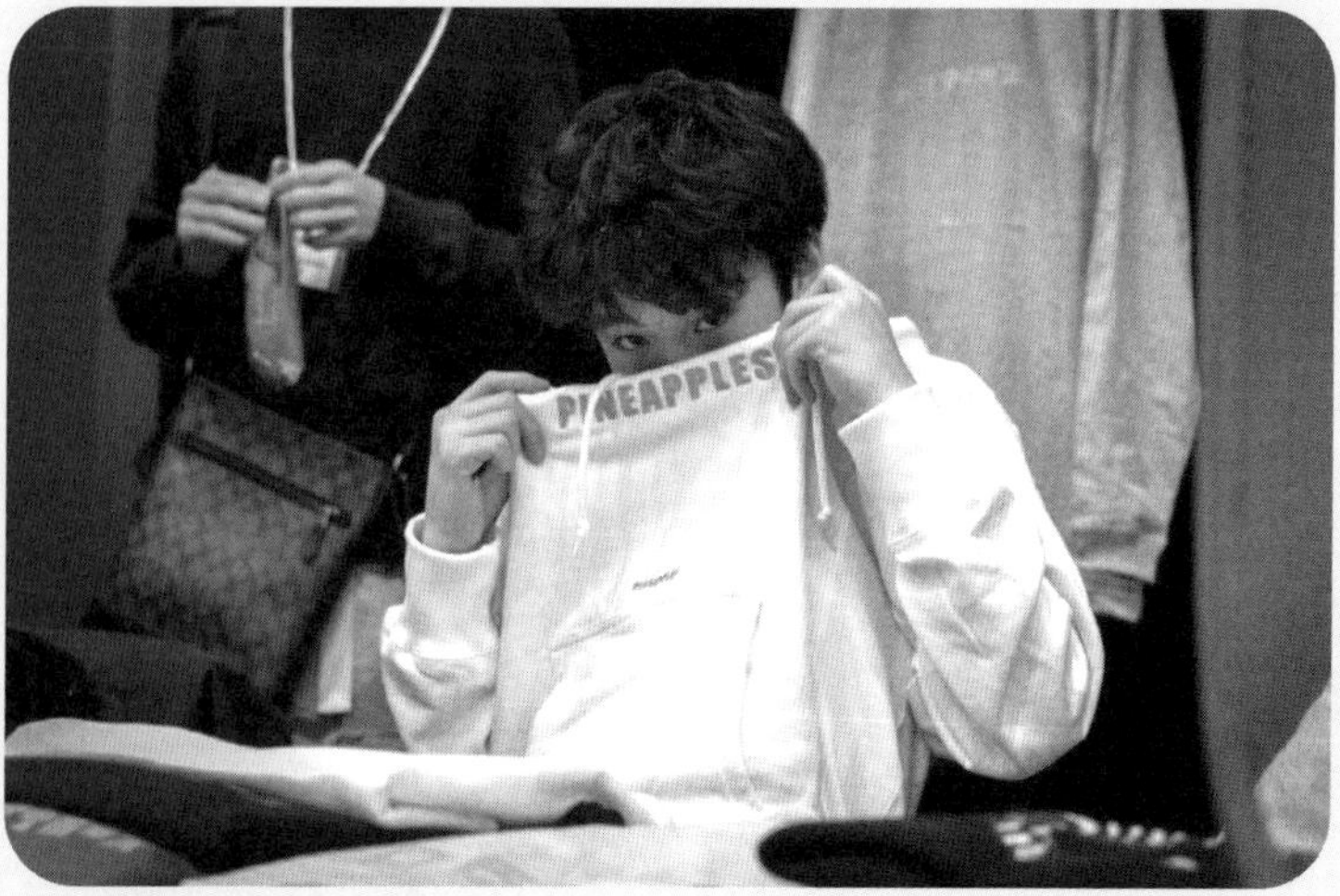

大阪在住の高橋一創さんは、多才を発揮する16歳。

中学時代からブレイクダンサーとして活躍、大会でも好成績を収めた。ゼロ高に入学後は、得意のイラストを生かして、オリジナルのアパレルブランドを立ち上げた。

そして、「落語を聴きながら蕎麦が食べられる蕎麦屋をやりたい」という夢を持ち、ホリエモンにプレゼン。「いますぐできるよ！」と背中を押され、落語×蕎麦屋の店を開く直前までこぎつけた。

以前の学校では、勉強が嫌いだった。ゼロ高に入学直後は「勉強が苦手なので……」と臆する部分もあったが、持ち前の行動力とセンスで、個性派揃いの生徒たちのなかでも際立つ存在感を発揮している。義務教育では計れなかった、学生起業家としての才能を開花させつつある、期待のゼロ高生だ。

個人の能力で稼いでいる姿が楽しそう

ずっと前から、学校の勉強が苦手でした。苦手というより、嫌い。「理解できるようになったら好きになれるよ」と言われたこともあるんですが、理解できて問題が解けるようになっても、あまり「面白い」と感じられませんでした。

勉強が嫌いなまま、高校で3年間ずっと勉強を続けるのは、なんか違うなと。学校に通うのは大事だと思いますが、嫌いなものを我慢しながら何年も過ごすより、やりたいことをやる道を選びたかった。それで、ゼロ高への入学を決めました。

手を使ったり身体を使って、何かをつくるのが好きでした。5教科は苦手でも、図工と音楽は得意でした。人に与えられたものじゃなく、自分でゼロからつくっていく作業が面白い。物心ついた頃には、サラリーマンではなく、起業を考えていました。

満員電車に乗って毎日会社へ通う生活も、すごいと思います。でも、僕がやりたいかというと現実味がない。うちは両親とも自営業です。組織に縛られないで稼いでいる、その姿がめちゃくちゃ楽しそうでした。小さい頃から見ているので、僕も自然に、自営業に就きたくなりました。両親とも、ゼロ高への入学を賛成してくれました。ダンスやイラストとか、僕のやりたいことを全部応援してくれるので、ありがたいです。

母親からは勉強のことでは怒られませんが、外に出るときは「常に誰かに見られていると思いなさい」と言われます。僕たちゼロ高生は、学生であると同時に、社会人でもあります。若いからといって、ビジネスやイベントでは、甘えやいい加減な振る舞いは許されません。母親の言葉は、活動するときの大事な戒めになっています。

やったことがストレートに評価されるのが気持ちいい

いま力を入れているのは、落語とコラボした蕎麦屋のビジネスです。落語も蕎麦も昔から好きで、蕎麦打ち教室に通って技術を習得しました。落語には、蕎麦を食べる場面の入った演目がたくさんあります。落語を見ながら蕎麦が食べられる店は需要があるんじゃないか？　と思って、堀江さんにプレゼンしました。親身にアドバイスをいただき、4月には店を押さえ、落語×蕎麦のイベントを開催できることになりました。残念ながら新型コロナウイルスの影響で延期になりましたが、クラウドファンディングなどで200人以上の集客ができました。落ち着いたら、必ず実現させます。

ブレイクダンスの人脈を生かし、「PINEAPPLES（パイナポーズ）」というユニットでアパレルブランドも展開しています。具体的に動き出したのは、ゼロ高に入ってから。絵を描くのが好きなので、シャツのデザインなど自分で手がけています。基本的にはネット販売で、僕のInstagramのアカウントから購入できます。いまフォロワーは6千人ぐらいで、売り上げは黒字にできている状態です。これも事業として、広げていきたいですね。ゼロ高のオリジナルTシャツもデザインしました。

いまは、陶芸にも興味が出てきました。ゼロ高はやる気の多い人ばかりなので、刺激を受け、一つだけじゃなく何でもやってみよう！ という気持ちになれます。ゼロ高生では、谷垣槙くんと仲が良いです。彼の鮨と僕の蕎麦屋でタッグを組んで、これから何かできるといいな、なんて考えています。

ゼロ高に入って、コミュニケーション能力がぐっと上がったと思います。学校に通っている頃は、引っ込み思案というほどでもありませんでしたが、少なくとも行動的ではなかったです。いまはやりたいことを、好きなだけできる場にいられます。周囲にすすんで働きかけ、ビジネスも学びもレベルアップしていきたいです。

高《たか》岡《おか》秀《しゅう》弥《や》［０期生］

生粋のミリタリーオタクだという高岡秀弥さん。母親が海外で設計の仕事をしており、祖父は自衛官だった。物心ついた頃から、機械類の情報に触れる環境で育ったという。銃器や防災の知識は、もはや高校生の域にはなく、自分でロケットの設計図面を書くことも。趣味の和彫り細工でも、高い腕前を見せている。

とにかく物知り。グループ活動で、他の仲間を助ける場面も少なくない。性格的に、言葉がきつくなるときもあるが、周りには根の優しさが理解されているため、トラブルはないらしい。どんな場でも「高岡ならいいや」と、人柄を認められた存在だ。

危機管理の意識の高さから、「目立つことは良くない」と思い、ＳＮＳでの発信はほとんどしない。また街中で、災害時に危ない場所が、歩いているだけでわかるという。個性派ぞろいの生徒たちを紹介するうえで、忘れてはならない一人だ。

高校生でも、独学の知識を使って活動できる

ロケット関係の勉強をやりたくて、ゼロ高に入りました。理系の大学を卒業して、ロケットの会社に入社するという道もあったと思いますが、ゼロ高ならそれより早く、本物の製造に関わるチャンスが得られます。やりたいことが早くやれるのだから、他の高校にしようとか迷ったりはしませんでした。

昔から、学校の授業が好きではありませんでした。数学と理科は得意だったんですが、他の教科がどうしても面白くない。ゼロ高の前は普通高校で化学や物理ばかり独学していたんですが、周囲になじめずすぐ辞めて、ゼロ高に入り直しました。

入学して最初の思い出は、文化祭です。ゼロ高メンバーが主催するイベントで、運営の手伝いに加わりました。僕は防災ブースを出しました。防災のアドバイスやミリタリー事情など、お客さんにいろいろ話させてもらって、楽しかったですね。

地方に、防災レクチャーで出かけたこともあります。地元の小学生と町中を歩きながら、電柱や建物の配置を見て、避けて行くべきルートなどを教えました。ゼロ高で

は、そういう独学での知識を役立てる活動ができるので、面白いですね。

肝心のロケット関係では、堀江さんがファウンダーを務めるインターステラテクノロジズ社のインターンのお話をいただきました。10月はどう？　と言われたのですが、10月の北海道・大樹町はものすごく寒いらしくて……(笑)。いったん断念しました。春か夏に、また機会をいただければ、ぜひ行きたいです。

ゼロ高に入って〝陽キャ〟に変わった

ロケットの設計、ミリタリーの勉強、和彫り細工……やりたいことはたくさんあります。そのとき興味のあることに飛びついて、夢中になっている感じです。コツコツと一つのことを積み重ねていくのは、得意ではありません。正直、自分が何をやっているかは、3日先すらもわからないですね。

基本的には、ミリタリーに関することを、ずっとやっていたいと思っています。一時は自衛隊に入りたい気持ちもありました。だけど、自衛隊では行動が制限されるし、設計や製造など、自分のやりたい仕事ができるとも限りません。やっぱり自分のやりたいこと、好きなことを優先したいので、道は一つに決めず、試行錯誤していま す。ダイキン工業が砲弾をつくっていたり、けっこう民間企業が国防兵器の製造を手 がけているんですね。将来は、そういう関係の仕事に就けたらいいなと思っています。

今後、ミリタリー関連以外に就きたい仕事ができたとき、資格を取るための幅が広 がるので大検は取っておきたいです。この先、大学へ行くかどうかは未定。いまはゼ ロ高生として、高校生のうちにしかできない挑戦をやっていきたいと考えています。

ゼロ高に入って、自分は変わったなと実感します。以前の高校時代は、他人とのコ ミュニケーションは、ほとんどネットの中だけですませていました。ネットの世界で は冗談も言うんだけど、学校では誰とも話さないような感じ。私生活とネットの中 で、人格を使い分けていました。ゼロ高では、その垣根がまったくない。オンライン でほぼすべての活動が進んでいくので、リアルとネットの使い分けをしなくていい。 いつも自分のままでいられます。それがすごく快適です。

たくさんの出会いがあり、好きなペースで勉強もできて、充実しています。何とい うか、〝陽キャ〟になりました。普通の高校に通っていたら、ありえなかった。ゼロ 高の仕組みのおかげで、僕は変われたんだと思います。

ゼロ高ファウンダー

堀江貴文

×

ゼロ高代表

内藤賢司

「社会と教育の架け橋」を生業とする。

子どもが生まれてから人と社会の重要性に目覚め、若者の可能性を状況や環境が潰そうとする世界を変えるため、ウェブエンジニアからゼロ高の責任者へ転身。サッカーとお寺が好き。夢は世界平和。

対談

最後に、ゼロ高代表の内藤君との対談を収録した。

内藤君は僕と同じエンジニア畑出身なので、安心して運営を任せることができている。

今回の対談で彼から教育現場の実情を聞き、驚かされることが多々あった。

あなたもこの対談に参加しているつもりで、学びの本質について一緒に考えてみてほしい。

罰ゲームだらけの環境に通う必要はない

内藤　堀江さんは著書などで、堂々と「学校はいらない」と言われていますけど、もう、ずっと一貫してますよね。

堀江　うん。小・中学校もだけど特に、高校は行かなくてもいい。地方の学校とか、いまでもいろいろと閉鎖的らしいじゃない。

内藤　僕はゼロ高の生徒に会いによく地方に行くんですが、地元の高校の状況を聞くと、パワハラがひどいらしいです。先生に2回注意されたら、進学先の推薦取り消しとか。「先生にビクビクしながら過ごすのが普通だと思っていました」なんて言うんですよ。学校って、収容所か何かなの？　と驚かされます。

堀江　えっ、本当？　ひどいなぁ……。ほとんどの高校は、わざわざ洗脳されに行くようなものでしょ。僕みたいに抵抗できる人ならいいけど、みんなそうじゃないから。

内藤　罰ゲームだらけの環境ですよね。なんでわざわざ通うの？　と不思議に思います。よく不登校は問題だと報じられますが、罰ゲームを受けに行くようなところに、意志を持って「行きたくない！」というのがなぜ問題になるのか、わかりません。

堀江　不登校、全然ＯＫでしょ。「行きたくない」という意思を実行している時点で、それはそれで立派な行動だし。というか、学校も会社も行かなくていいんだよね。

コロナ禍でばっさり切り落とされる人たち

内藤　それも、以前から言われていますよね。

堀江　よく勘違いされるんだけど、組織自体がいらないわけじゃなくて。学校や会社とか、一つの建物にみんなが通学・通勤する意味は、全然ないよね？　って。

内藤　会社の仕事も学校の教科も、ネットを使えば自宅や近場で対応できますからね。

堀江　そう。通勤・通学なんか止めてしまえ！　と僕はずっと言っているのに、全然変わらなかった。ところが今年になって、新型コロナウイルスの影響で、あっという間にテレワークと自宅学習が普通になった。まさかの、ウイルスのおかげ（笑）。

内藤　ゼロ高にも、教育関係者から「オンラインで子どもに勉強を教えるには、どうしたらいいですか？」という問い合わせがたくさん来ますよ。

堀江　オンラインで教える仕組みを早く実践していたから、ノウハウは学校よりも断然あるよね。この時代だからこそ、より必要とされる場になっている。本質に気づいた若い人たちの受け皿としても、ゼロ高の役割は高まると思う。

内藤　行動からしか、学びは得られない。何度失敗してもいいし、何度でもやり直せる。若い人にとって当たり前のことを、ゼロ高では再定義したいです。

堀江　誰も想像しえなかった変化がこの数年は、続々と起きている。昔のルールに縛られる必要はないし、自由に好き勝手に動いたヤツが結局、勝っているんだよね。

内藤　ルールに縛られて生きたいならそれでもいいけれど、昔みたいにルールに従っていてもいいことはないですよ、という主張は続けていきます。

議論の余地なく、教育のあり方は根本から変わった

堀江　コロナ禍がきっかけの一つではあったけど、子どもたちを学校に通わせ、画一的な教育を押しつけるシステムが、2020年の春から根本的に考え直されてきている。そもそもいまの学校って、国家に忠実な兵隊を養成していた明治から戦前の精神

をまだまだ引きずっているよね。そのシステムがテクノロジーの進化やスマホの普及で、まったく無意味なものになってきた。議論の余地なく、教育のあり方はもう完全に変わっているんだから、校舎に生徒を集める決まりは撤廃していいんだ。

内藤　そうですね。最低限の学力は、オンラインの勉強で足りると思います。

堀江　学校に通いたい子は通って、通わずに他の方法で勉強したい子は、動画教育やオンライン教材で対応するとか、柔軟にやっていくべき。偏差値50以上の子だったら、大学合格くらいの学力は充分、独学で身につくから。

内藤　堀江さんは、独学が一番だというのも前から主張されていますね。

堀江　独学、最強だよ。小学校から、勉強はぜんぶ自分でクリアしてきたから。

内藤　記憶力が人並み外れてすごいのも、勉強には有利だったのでは。

堀江　全然、記憶力は良くないよ。物事をうまく「区別」しているだけ。

記憶力よりも検索力を身につけろ

堀江　普通の人って、仕事とかで出会った人の顔とか、まんべんなく覚えてるでしょ。

過去に言ったこと、言われたことも大まかに記憶している。「あのとき、こう言ったよね？」とか。僕はそういった無用な物事に、記憶のタグ付けを、一切しないんだよね。優先事項を頭の中で区別して、いらないものはまったく覚えない。「堀江さん、私のこと覚えてますか？」ってしょっちゅう言われるけど、覚えてるわけねぇじゃんと（笑）。

内藤　ははは。堀江さんは、すごくたくさんの人に言われてそう。

堀江　人を覚えなくても全然困らないもん。反対にタグ付けしていることは、僕にとっては重要な情報だから、しっかり覚えている。膨大な記憶の中に「ポインター（目印）」が散らばっていて、必要なときにＧｏｏｇｌｅをかませて一発検索する感じ。たぶん、人よりポインターのつけ方が上手いから、記憶力がいいように見えているだけ。

内藤　なるほど。そのたとえは、僕もエンジニアをやっていたのでよくわかります。勉強での丸暗記も結局、ポインターのつけ方ですよね。

堀江　情報を大量にさばき続ければ、誰でも身につくよ。これからは記憶力よりも、検索力。検索力は、自分で情報を取捨選択して、思考の回数を増やさないと身につかない。ゼロ高で、座学より行動を！　と言っているのはそういうこと。

物事にハマりきれば、相対的未来は誰でも見える

堀江　「堀江さんが物事の本質を見抜けるのは、なぜですか？」という質問もよく受けるけど、返事に困るんだよ。ビジネスを立ち上げるときにも「このビジネスの必要性は、いつから感じていたのですか？」と聞かれる。いつからと言われてもね（笑）。

内藤　堀江さんは本質を見抜くスペシャリストだと思われていますからね。

堀江　自分でしっかり調べて、思考を重ねていれば、相対的未来は必ずわかるもの。相対的未来とは、起きている出来事の情報を他人よりも早く手に入れることで、他者との情報の差から見えてくる必然的な未来のこと。

たとえば、自動運転の未来はどうなる？　と聞かれれば、「コアテクノロジーのバッテリマネージメントユニットが、コスパ的にどれだけ進化していくかが課題でしょうね」と答えられる。パーソナルモビリティをずっと勉強してきて、人よりも情報を得ているから、未来について語れるんだよ。

飲食ビジネスに夢中になっていると、料理の腕よりもお客さんが感動するストーリーが重要だというのもわかるし、ＥＣを手がけていれば、人を雇わない無人の店舗

が増えるだろうという物流の未来も、わかってくる。
結局、僕以外のみんな、ハマってないんだと思う。興味のある物事を見つけても、歴史とか成り立ちまでは調べないし、途中で止めちゃったりして、楽しみを味わい尽くしてない。それをしないのは、やっぱり学校教育が原因だと思うんだよね。

内藤 子どもが勉強以外の何かに夢中になるのを、妨げるとか。

堀江 勉強さえも夢中にならないよう、仕向けているフシがあるよね。たとえば数学が大好きだけど英語が苦手だという子に、まず英語を伸ばすように言ったりとかさ。数学が好きなら数学だけ、没頭させればいいんだよ。

内藤 その通りだと思います。好きなものに没頭することで、学びの面白さに気づけるし、突きつめていく中で興味の幅も広がりますから。

バランス重視の教育と迷信の因果関係

堀江 学校って本当、「バランス重視」だよね。全体的にまんべんなく平均点のいい子をつくろうとしている。バランスを取りましょう、ってポジティブワードでごまかしているけど、子どもたちにムダを強いているだけ。小学校のとき、給食で三角食べを推奨されたけど、あんなのムダの典型でしょ。

内藤　やらされましたね。おかずから順番に、三角形で箸をつけなさいと。

堀江　胃に入ったら全部、一緒じゃねえかよって。

内藤　たしかに（笑）。なんであんなの、やらされたんでしょうね。

堀江　順序よく食べることで消化が良くなるとか、充分な栄養が摂れるとか教えられたような気がするけど、まったく非科学的。バランス重視の乱用だよね。僕らの頃は「肉ばかり食べないで、野菜も食べなさい！」って、よく叱られた。

内藤　いまでも地方の学校では、言われているんじゃないですかね。

堀江　肉はビタミンもミネラルも豊富な、完全栄養食だから。肉ばかり食べていても、人は健康でいられるんですよ。むしろ菜食主義の方が危険。栄養失調になって、内臓疾患の原因になる。バランス重視派には根拠がないんだよね。

内藤　科学的な根拠は教えないのに、迷信めいたことは平気で教えますよね。うちの地元では、子どもがヤケドしたら醤油を塗れ、と教えられました。

堀江　それはすごいね。この前一緒に飲んだ人なんかは、マヨネーズを塗れと大人に言われたって（笑）。

内藤　子どもの身体に害を与える迷信なのに、禁止しないんですよね。

堀江　だから、エセ科学とかにだまされる大人が増えるんだと思う。本当に大切なこと、生きるのに役立つことを学校では教えていない。

詰めこみ教育では、正しいリテラシーを養えない

堀江　大事なことは教えないのに、基礎は教えすぎなくらい教えているよね。基礎も大事だけど、学ぶのはつまらない。基礎なんてスマホで検索すればいいんだから、子どもには面白くて興味のあることに時間をかけさせてあげた方がいいに決まっている。

内藤　同意ですね。日本史なんて、縄文時代から教える必要あるの？　と思います。受験で足りるカリキュラムなら、週3の通学で充分じゃないですか。

堀江　化学の元素記号を、社会人になっても覚えている人は少ないよね。テスト対策でいやいや詰めこんだ基礎だから、何にも役に立っていない。科学的リテラシーを得

るのには大切な知識なんだけど、役立ってないから「味の素は舌がピリピリするから身体に害だ」とか、大人になって平気で言い出す。単純に、舌に乗せすぎなんだって。

内藤　はは（笑）。基礎は基礎で、役に立つ教え方があるはずなんですよね。いずれにせよ、完全に詰めこみ型の教育は終わっていますよね。知りたいときに知りたいことを教えずに、知りたくないときに要らない知識を詰めこんでいる。それで、子どもの正しいリテラシーが養われるわけがないですよ。

堀江　いずれ、グルテンフリーとか血液クレンジングとか、怪しいパワーストーンにお金を持って行かれてしまうよね。

教育現場は、何十年も時が止まったまま

内藤　ゼロ高生はみんな入学してから、「普通の学校に通っていて、自分が間違っているのかな？　と思っていたけど、そうじゃなかった」って、同じことを言うんですよ。

堀江　へー。そんなに押さえつけられていたんだね。

内藤　ゼロ高に入って、「もとの学校の方がおかしかったんだと気づけた」と言ってくれる生徒が多いのは、本当に良かったと思います。

堀江　やっぱり、昔からの集団生活とか、関係ない時代になってきているんだよ。学校へ行かずに自分の意思で好きなように学んでいいし、別に引きこもりでもいい。組織に属して生きていくことの前提が、壊れてきているんだから。学校に通わなくちゃいけない常識は捨てて、個人個人が本気で取り組めるものを見つけて、全力でやりきること。それが正解だと、コロナ騒動ではっきりしたよね。

内藤　昔から提言されていたんでしょうけど、教育現場は何十年も変わらないですね。

堀江　その通り。地方の公立校とか、ヤバいよ。もう時間がまるっきり止まっている。謎ルールとか、普通に残っているでしょ。

内藤　読書感想文は、何々文庫しか読んではいけない、とか。

堀江　そう。当たり前に押しつけてくるよね。

内藤　いまの公立校は、現場の先生を誰が評価しているかご存じですか？

堀江　知らない。誰？

内藤　教頭らしいです。教室での授業とか、休み時間の対応とか、子どもたちとどう接しているのか一切見ていないのに、教師の何を評価できるのかって。それをおかしいと教育委員会も、誰も言わないんですよ。

堀江　ヤバいよね。基準なき基準を、ひたすら守り続けている感じが。

内藤　本当、昔のままですよ。第三者の審査が機能していない組織で教育を受けるなんて、怖くてしょうがないです。「学校に行かなくてもいい」というのは、決してあまのじゃくな意味でなく、大事なメッセージとして発信し続けたいです。

堀江　何度も言うけど、オンライン授業が整っているいま、学校じゃなければ学べない知識はほとんどない。先生のスキルはティーチングアシスタントに特化して、子どもたちはゼロ高のような環境で自由に学べばいいんだよ。

学校崩壊はもうそこまで来ている

堀江　学校教育って、惰性で走っている巨大タンカーみたいなものだと思っている。もはや自力走行してないんだけど、でかすぎて止まらないし、方向も変えられない。

内藤　何とかして、止められないんですかね？

堀江　難しいよね。止めるとしたら今回の新型コロナウイルスみたいな大波のイベントだろうけど、それはそれで別の多くの問題が起きるから、歓迎されるとも限らない。ただ、はっきりしているのは、惰性で走るタンカーはいずれ座礁するし、何も考えずにタンカーに乗っていた人たちは、全員振り落とされる。

振り落とされた人は見捨てればいい、というわけじゃない。「タンカーはもう動かないんだから、みんなで生き方改革・働き方改革をしていきましょう」というつもりで、僕たちはHーUやゼロ高を運営しているんだよね。

内藤　タンカーの座礁＝学校崩壊は2025年だと、個人的には予測しています。

堀江　もう数年しかないね。教師自体が供給できなくなるんだよね？

内藤　2020年の段階で、すでに学校の教師の数はギリギリですから。不登校の生徒数も、もっと増えますよ。ほとんど報じられないですけど、学校崩壊は確実に待ったなしの状態にあります。

堀江　まともに教えられる先生がいないし、行きたくない子も増えている。従来の学校に通う必然性がいよいよなくなってきているんだから、子どもたちは学ぶ場所を好きなように選ぶべきだよね。

スマホ時代になっていくらでも情報はつかめるし、行動のチャンスは山ほどある。何も不安がることなんかない。いまの子どもたちは、いい時代を生きているんだよ。

内藤 同じ気持ちです。僕は2人の子どもがいることもあって、ゼロ高の代表に就く前から教育に興味があり、教育現場を観察してきたんですが、子どもたちの行動を大人がどれだけ邪魔しているんだって、ずっとやきもきしていました。こんなに恵まれた時代なのに、行動を邪魔されて、子どもは自信を削られまくっている。

ゼロ高では生徒のやる気を、絶対に邪魔しない。行動を後押しして、HIUの方たちに助けてもらいながら、成果を出しています。小さくてもいいんです。成果の積み重ねが、子どもには確実な自信になる。自信は、行動を起こす最大の原動力ですから。

堀江 自信、大事。成功体験を重ねまくるのが、学びを伸ばす一番の近道だから。

内藤 ゼロ高は今年で創立3年目ですが、普通の教育で20〜30年かかるような成果を、もうアウトプットしているつもりです。「学校に行きたくない」「自分で好きなことを学びたい」という人には、ゼロ高のスピード感は魅力的なはず。教育の良き選択肢であり続けられるよう、これからも運営を頑張ります。

将来の夢なんか、いま叶えろ。
堀江式・実践型教育革命

2020年9月15日 初版第1刷発行

著者	堀江貴文
発行者	小山隆之
発行所	株式会社実務教育出版
	163-8671 東京都新宿区新宿1-1-12
	電話 03-3355-1812(編集)　03-3355-1951(販売)
	振替 00160-0-78270
編集	小谷俊介
執筆協力	内藤賢司(ゼロ高等学院代表)
編集協力	浅野智哉
ブックデザイン	小口翔平+喜來詩織(tobufune)
タイトルライティング	宮武正之、神田龍介
カバー写真	柚木大介
校正	鴎来堂
印刷・製本	図書印刷

 ISBN978-4-7889-2836-7 C0030

君へ

いま中高生の君は、
「無敵モード」の真っ最中だ。
失敗しても、誰にも咎められない。
皆が君に手を差し伸べてくれる。
だから安心して、とにかく動け。
頭と体がヘトヘトになるまで、没頭しろ。
没頭の力があれば、夢なんていますぐ叶う。
将来の夢なんか、いま叶えろ。

他人に振り回される時間はいますぐ捨てろ

中学生や高校生にも、いろんな行動を起こしてほしい、とさまざまな場で呼びかけている。それでも多くの学生が、なかなか行動を起こさないのは、教育の洗脳によるマインドセットが理由だ。それはこれまでにも繰り返し述べてきた。

あと、大きな理由として学生から聞かされるのは、「行動を起こす時間がない」という声だ。中高生は大人が想像している以上に、時間に追われているようだ。

平日の6時間以上に及ぶ授業のほか、課題提出や生徒会活動、部活、進路相談、友だちとの関係維持など、こなさなくてはいけないタスクを多数抱えている。学校を離れると、家の手伝い、家族との会話、また家庭内トラブルともつき合わなければならない。この本を読んでいる君も、寝る時間にはきっとくたくたになっているだろう。

僕も、中学や高校時代を振り返ってみて、「なんであんなに早く時間が過ぎていったんだろう?」と不思議に思う。日本の子どもは、多忙なのだ。

君たちは多くのタスクを「スマホ禁止」とされる中で、アナログでこなさなくてはならない。「時間がない」というのは、正直な訴えだろう。

だが、あえて言わせてほしい。その忙しさ、本当に引き受ける必要あるの? 実は君が放棄しても、誰も困らないんじゃないの? と。

仲間外れが怖いとか、親や先生に怒られるのが怖いといった理由で、他人に気を遣って引き受けているだけなら、即ストップだ。いやいややっているような勉強、部活、課題だったら、何も身につかない。やるだけムダだし、辛い記憶としていつまでも残ってしまう。

自分のために、どんな時間を使っているのか? 真剣に考えれば、自ずと切り捨てるべきタスクは明確になってくるはずだ。

他人の都合に振り回されるように時間を埋めていたら、自分の時間なんて、すぐなくなってしまうのは当然だ。時間は、肩書きや社会的地位に何の関係もなく、誰にでも平等に配られている。どこかから運良く、余分に与えられたりしない。**君の意思で取捨選択して初めて、「やりたいこと」のための時間は生まれるのだ。**

　時間を引き受けるのをやめて、時間を自分で選ぶ。その意識に変われば、君の行動へのモチベーションは必ず高まる。

　逆に、もし君がいま不登校だったり学校を辞めて仕事をしていなかったりする状態であるなら、時間がありすぎて悩んでいるだろう。自分に何ができるか、何をやりたいのかわからず、悶々として寝転んでいるうちに、時間は刻々と過ぎていく。やがて「自分には何の価値もない……」と自己肯定感を失い、最悪の場合、自死がよぎったりする。時間がありすぎるのも、それはそれで心が病む原因だ。

　時間をどのように使えばいいのかわからないという若者は、考えすぎなんだと思う。考えの向き先は、だいたい「他人の目」だ。こうしたら親がうるさく言う、ああしたら昔の友だちにバカにされる、いじめてきたヤツらにまたターゲットにされる、など他人がどう思うかばかり気になる。それで行動にブレーキをかけているのではないか。他人の目が怖い、それはわかる。**しかし、他人というものは基本的に、君の心の内面など気にしていないものだ。**それは、親や兄弟や親友だって同じだ。口では心配していると言うけれど、本当の気持ちなんて、自分以外の誰にもわからない。だから、平気で傷つけることを言う。親身な他人なんて、ごく限られている。

孤独に耐えて生きろ、などと言うつもりはない。ただ、他人は君のことを考えていないのだから、君も他人の目を考える理由はない！　と言っておこう。

遠慮も義理もいらない。好きなように、やりたいことをして生きることで、他人は不利益をかぶったりしないのだ。

これだけは言える。君に死んでいるヒマなど、ないのだ！くだらない自己否定感や、他人の視線に怯えるような時間を誰も強制していない。不安は自分で、必ず打ち消せる。自分でやるしかない。多忙な学生も、ヒマな人も、好きなことやりたいことで時間を埋めれば、不安はきれいに消えるのだ。**夢中は思考から死を消してくれる。**

周りの他人も、そのように君が動きだすのを、本当は望んでいるのだ。

182

自分さえ嫌いにならなければ人に嫌われたっていい

他人に振り回されたり、他人の意見によって自分を変えてしまうのは、嫌われるのが怖いからだ。親や先生の指示や期待に応えられなかったり、好かれたい人たちの気持ちを満たすことをやめたとたん、見放されるのを恐れているのだ。

事実、自分を優先する「自分時間」と他人の意見を優先する「他人時間」は、トレードオフ（何かを得ると別の何かを失う）の関係にある。前者を優先するようになれば、周囲の反応は厳しくなるだろう。

たとえば、君がある日バイト先のコンビニで、時間を1秒でも不意に取られたくないから「スマホに着信があっても出ません。連絡はすべてLINEにしてください」

と宣言したとしよう。きっと、店長をはじめ社員から嫌われ、同僚からも変わり者扱いされるだろう。クビになることもあるかもしれない。しかし周囲の反応などは、君の問題ではない。君の行動に対してどんな感情を抱くかは、社員や同僚の問題だ。

自分に関わりのないことのために、君が変わる必要なんて、ない。

人生を充実させるのは「変わらない自分の時間をいかに確保するか」だ。君にも僕にも、一日は24時間しかないのだ。相手がどう思うか、他人がどう感じるかなんて、一切考えないでいい。SNSで誹謗中傷されるのがウザいなら、SNS自体をやめてしまえばいいのだ。

特に大人は、君の時間と環境が変わっていくチャンスを奪う、最たる存在だ。大人はみんな信じるな！　とまでは言わないけれど、「言う通りにする君」を押しつけ、「変わっていく君」を否定する大人は、毅然と遠ざけよう。

大人に変えられてはいけない。

逆に、大人から「あいつは変わった」と呆れられるようになろう。

変わることを恐れるな。自分は自分でデザインできる

僕は、大学時代に有限会社を立ち上げた。すぐに仕事は増え、事業は急成長していった。わずか1年4か月で株式会社に改組。社員は続々と増え、インターネットバブルの波にも乗り、業績はずっと右肩上がり。交流する人のレベルも格段に上がった。

一方で、創業時代からのメンバーたちとは軋轢が生まれた。「堀江は変わった」と言い捨て、去っていった人もいた。20代で、たしかに僕は急速に変わったのかもしれない。**だが、それは内面ではなく、環境の方だ。**手がける仕事は、億単位のビッグプロジェクトへと成長し、日本を代表する優秀なエンジニアやプログラマーも雇えるようになった。

僕は、人生の環境が変わる速度に合わせて、仲間意識とか家族的な馴れ合いを求める人たちを切り捨ててきた。冷たいと言われることもあるけれど、お互いのためだ。僕の環境の変化について来られないなら、逆に僕に見切りをつけ、その人にとって最適な環境を見つけてもらう方が幸せなはずだ。**来る者は拒まず、去る者は追わず。そのスタンスは、いまも変わらない。**

人の根本の部分は、そう簡単には変わらない。僕は若くして、ビジネスマンとして急速に変化したかもしれないが、変化する環境を楽しむ好奇心は、子どものときから、まったく変わっていない。

人が変えられるのは内面ではなく、行動によって見えてくる「景色」だ。中身は変わらなくても、「変わった」ように思われる変化は、自分の意思でデザインできる。ネガティブな意味で「君は変わった」という人は、環境の変化を恐れ、立ち止まっている人だ。環境の変化について来られない人の言葉に、人生を変えられてはいけない。

猛スピードで変わっていく環境を、変わらない自分のまま、走り抜け！

それでいいのだと、君には念じてもらいたい。

186

やりたいことがなければ楽しいことにハマれ

若者の間で「特にやりたいことがない」というのは、けっこう多く聞かれる言葉だ。僕の公式チャンネルにも、それに近い悩みが届く。

「自分には学歴も経験も、貯金もありません。いまは無職。好きなことを仕事にしたいとは思うのですが、好きなことが思い浮かびません。このままではいけないとわかってはいるのですが、打開策が見つかりません」といった質問だ。やる気がないわけではないのだけれど、何から始めたらいいのか皆目見当がつかない、という感じだ。

日本はやりたいことなら何でもやれる、世界でもトップクラスに恵まれた国だ。

インフラは整っているし、生活保護など、貧困層に対するセーフティネットもほぼ機能している。普通に暮らしていれば、飢えという苦境にまず陥らなくてすむ。

しかし、やれることの選択肢が多すぎるがゆえに、反対に「学歴も経験も貯金もない」若者を追い詰めているところはあるかもしれない。**義務教育という名の洗脳から解き放たれた副作用とも言える。**

何をやってもいいのだろうけど、何をすればいいの？　と悩むのは、甘えではなく、若者の一つの切実な声だという事実を、一応は認識できる。

ただし、勘違いは解いておきたい。**「やりたいことがない」のは、決して悪いことではない。**「やりたいことがない」というのは、若いうちは普通のことなのだ。

周囲の友だちを見回してみるといい。「やりたいこと」が明確になっている友だちが何人いるだろう？　そのために具体的な努力を積み、着実に成長できている友だちは、たくさんいるだろうか？　「やりたいこと」をきちんと追いかけているのは、実際には部活で才能を発揮できている選手とか、家業を継ぐことをもう決めているとか、かなり限られた人ではないだろうか。

若いうちから「やりたいこと」で満たされている方が、実は特別なのだ。早く「やりたいこと」を見つけなさい！　と、ふわっとした目標を押しつけてくる学校の教師や、仕事に就いているだけで安心している大人も、悪いと思う。

「やりたいこと」がないと、立派な若者として認められないような風潮は、良くない。焦るのも、焦らせるのも逆効果だ。好きに過ごしていれば、誰だって「やりたいこと」は、勝手に現れてくるものだ。いまやりたいことがないなら、タイミングが訪れてないということ。人によって、やりたいことが見つかる瞬間は違うのだ。

これだけは言える。生きているのだから、「やりたいこと」はなくても「楽しいこと」は見つかっているはずだ。「楽しいこと」をしていれば、自然と「やりたいこと」は現れる。**「やりたいこと」を見失っているのは、単純に「楽しいこと」不足なのだ。**

何でもいいから手当り次第に手を出して、できるだけハマってみよう。

仕事に限定する必要はない。趣味でも娯楽でも、とりあえずやる！　の気持ちで、実行してみよう。

具体的に身体を動かして、前とは違うものを形にできれば、それは成功体験となる。

どんなに小さくてもいい。マンガを描くのでも、歌やダンスでも、異性との会話でも、筋トレでも構わない。成功体験を得られれば、たしかな「楽しいこと」の始まりだ。

「楽しいこと」を嫌がる人はいない。それが積み重なり、もっともっと「楽しいこと」を追求しているうちに、だんだん「やりたいこと」へ変化を遂げるはずだ。

「やりたいこと」は見つかるのではなく、「楽しんで」いるうちに、勝手に湧き上がってくるものだ。僕も中学時代、プログラミングにハマった。楽しいから、夢中になっていただけだ。もし当時、いまのようにパソコンのスペックや、フリーソフトが充実していて、中学生でも第一線のエンジニア並みのプログラミングが可能だったら、僕は真剣にゲームプログラマーを目指していたかもしれない。

楽しいから、夢中になる。それがお金を稼げるなどの小さな成功体験となり、やがてビジネスの芽を生み、そして多動力の人生へと大きく展開していった。

「やりたいこと」が先ではなかった。好きにハマっていると、後から「やりたいこと」が押し寄せてきたという感覚だ。「やりたいこと」と出合うために、小さな成功体験の循環を、まずは行動でつくり出そう!

190

大人をバカにするのは簡単だ。大人から情報と経験を盗め

　大学時代、僕は東大の駒場寮に住んでいた。そのときルームメイトだった中谷くんが、大阪ミナミ名物の串カツを「いまから食べに行こう」と誘ってきた。時間はもう夜中だった。新幹線に乗るようなお金も持っていない。

「どうやって行くの？」と聞いたら、中谷くんは「お金なんかなくたって、ヒッチハイクでどこにでも行けるよ」と答えた。聞けば彼は、高校時代からヒッチハイクで全国を旅してきたという。「コツさえわかれば、誰にでもできるよ」という彼につられて、寮のほかの友だちも誘い、僕たちは夜中に駒場寮を出発した。

いきなり男子学生数人が路上でヒッチハイクしても、うまくいくわけがない。中谷くんの言うコツとは、目的地へ向かう車と出合える確率の高い場所で、車を探すことだった。中谷くんの先導で、東名高速港北パーキングエリアに行った。狙いは、大阪方面に行きそうな長距離トラックのドライバーさんだ。

僕たちは手分けして、声を掛けて回った。当然「乗せてください」と言っても、断られまくった。「いちいち落ち込まない!」と中谷くんに励まされ、声をかけ続けた。すると10人を超えたあたりで、乗せてくれるドライバーさんと出会えた。

港北パーキングエリアを出てからは、いくつかの車をヒッチハイクで乗り継がせてもらい、着々と大阪までの距離を詰めていった。ものすごく楽しかった。

翌朝、僕たちは本当に、お金を1円も使わず、駒場から大阪ミナミの串カツ屋にたどり着いたのだ。「やればできるでしょ?」と、どや顔で言う中谷くんが少々ウザかったが、その通りだった。金がない学生だって、勢いとノリのいい行動で、長距離旅行はできる。「やればできる」を体感できた、大学時代の忘れがたい成功体験だった。

それ以来、僕の趣味にヒッチハイクが加わった。気が向いたときに、お金をほとんど持たずに出かけ、パーキングエリアを攻める戦法で、ヒッチハイクを重ねた。中谷くんと違うコツをつかんだのか、乗せてくれそうなドライバーさんの雰囲気を見分けられるようになった。**東大生という肩書きも、ヒッチハイクでは効果があった。**「頭いいんだね」とドライバーさんが興味を持ってくれて、車中での会話は弾んだ。

僕は、ヒッチハイクで北海道以外の全国各地を制覇できた。好きなときに、好きな場所に、1円も使わず出かけられる、フリーパスの国内旅行だった。サイフが空でも、勇気一つでどこにでも行ける圧倒的な自由を感じた。この快感は、パックツアーでは絶対に得られないものだ。

また、知らないおじさんに一緒に乗せてほしいと頼む大胆さを発揮したことも、大きな自信になった。車中でいろんな経験談を語ってくれたおじさんの話は示唆に富んでいて、かなり面白かった。大学に通っているだけでは得られなかった情報だ。ビジネスで役に立ったことはないけれど、人間の多様さを知る、20代の貴重な学びだった。

ヒッチハイクは、僕の起業を成功につなげた大事な原体験の一つだ。見知らぬドライバーのおじさんと狭い車内で話していると、物流の事情や地方の景気感をつかむことができた。また、だいぶ年上の男性と打ち解ける話術が身につき、起業後に年長の投資家や大企業の重役と会うとき、物怖じしない度胸が鍛えられた。

大人と交流すると、情報感度は飛躍的に上がる。情報のクオリティも情報量も、間違いなく大人の方が上だし、若くて経験の少ない自分のポジションを、相対化することもできる。気が合えば、現状の実力では出会えないような人とのパイプを、つないでくれることもある。つまらない大人もいないわけではないが、それは反面教師にすればいいのだ。

大人をバカにするのも若さの特権だが、本当の若者の特権とは、若さと大胆さを利用して、大人から情報をうまくいただくことだ。

同い年の友だちとしか固まれない、既存の学校は損だ。ゼロ高は、情報感度の高い大人が多く集まるHIUと、相互につながっている。ヒッチハイクを楽しむように、ゼロ高生には、面白い大人たちと積極的に交流してほしいと思う。

貯金なんて死んでもするな。小遣いは体験に使いきれ

いまの小学校ではもうやっていないだろうけど、昔はお年玉を郵便貯金することが、学校レベルで奨励されていた。新学期明け、体育館に郵便局員がやって来て、生徒たちは茶封筒にお年玉を入れ、貯金の手続きをしていた。

僕も、そんな郵便貯金を経験させられた世代の一人だ。せっかく親戚からもらったお年玉だ。ゲーセンに行ったり、マンガを買ったり、好きなことに使いたかった。

「貯金しなさい」と言われても、何のために貯金するのかわからない。どうして使ったらダメなの？　と聞いても、まともに答えてくれる大人はいなかった。とにかく僕の時代の小学生は、郵便貯金をするのが正しい！　という価値観を押しつけられた。

学校の先生や世間の大人は「貯金は大事です」と言う。大事なら、大事だという根拠を示すべきだが、それのできる大人はめったにいない。

貯金そのものは、悪いとは思わない。ほしいものの金額に達するまで、とか何らかの目的で貯めているのは結構だ。でも、特にこれといった使い道がないのに、貯金のための貯金を続けるのは、本当に愚かしいことだ。

著書でたびたび語っているが、郵便貯金は第二次世界大戦中、戦費調達のキャンペーンから全国に普及したものだ。戦争がなくなった現在は、国債（国の借金）を償却するために、貯められたお金を運用している。

簡単に言えば郵便貯金は、国の借金を肩代わりさせられているだけなのだ。そんなしょうもないシステムに、大事な僕のお年玉を吸い取られてしまったモヤモヤは、ずっと消えずに残っている。

学校を出て社会人になれば、たいていの人は銀行口座をつくる。そして給料が振り込まれ、通帳をチェックして、自分のお金を管理している「つもり」になっている。

だが、銀行などの機関に預けているお金は、厳密には君の資産ではない。銀行に対

する「債権」なのだ。

もう少し説明すると、君が預けたお金は、銀行がお金の足りない一般人や、お金の必要な企業に融資している。そして銀行（債務者）は、預金者（債権者）に対して払い戻し（返済）の義務を負っている。**なので、多くの人は、キャッシュカードと暗証番号を介して、単に銀行から「債権回収」しているだけなのだ。**

「貯金は生活の安心につながる」と大人は言う。しかし銀行に預けた金額ぶん、債権者としての負担を増やしているのだ。それがなぜ安心なのだろう？

貯金が美徳というのは、間違った考え方だ。銀行に預けていれば、たしかにお金は融資という形で世の中を回る。しかし、融資の恩恵を受けられるのは、限られた大手企業だけだ。庶民の消費が活性化しなければ、お金は放置されているだけ。多くの会社の業績は上がらないし、雇用も生まれない。

つまり、貯めていたら、お金は死ぬ！ 使わない限りお金は、生きてこないのだ。

僕は郵便貯金を強いられてから、貯金を一切やめた。起業後は一生懸命働き、まとまったお金を持ったら仲間と遊びに行き、旅へ出かけ、美味しいものを食べ、マンガや服など欲しいものがあれば迷わず買いまくった。死んだ貯金を守るより、生きたお金を使った方が、絶対に楽しくて幸せだと信じていた。

使うだけ使いまくって、正しかったと思う。お金を使って得た経験は、いろんな場面で役に立った。コミュニケーションのレベルも高まり、人にモテるようになった。

コツコツ貯めていれば、結構な資産家になっていたかもしれない。別にいま貧乏ではないけれど、僕くらい働いて、知名度があれば、普通は何億円もの金額を貯めこんでいると思われるだろう。全然そんなことはない。得られたお金は、みんなやりたいことに注ぎ込んで、環流させている。**やみくもに貯金額を増やすより、そのときだけに得られる出会い、興奮や体験を積み重ねることの方が、はるかに大事なのだ。**

僕の得てきた多くの体験は、支払ってきた同じ額のお金では、もう取り戻せない。**「過ぎた機会や時間を、買い戻すことはできない」というれっきとした事実を、君は知るべきだ。**学生時代からお金を貯めているという人はいるけれど、「いつか」のために貯めているのは、無意味だ。**「いつか」ではなく「いま」に投資しよう！** それは一生目減りしない、価値のある経験貯金となる。

198

読書はつまみ食いで全然いい

僕はメールマガジンなどで書評の仕事もしているので、本は定期的に読んでいる。会食中に売れている本の情報を聞けば、その場でAmazonで注文する。書店には滅多に行かないが、話題の新しい本はわりと知っている方だろう。

子どもの頃から、文字を読むことが好きだった。家にあった百科事典は、早いうちに読了してしまった。知的好奇心が強いのもあったけれど、世間と自分との情報の壁を埋めるには、インターネットがない時代は、読書しかなかったのだ。

読書は、いわば思考の筋トレだ。思考の筋肉は、物事を深掘りして、本質を見きわめるには絶対に必要だ。

君はもしかすると、読書が苦手かもしれない。学校の夏休みの宿題で、読書感想文を書くのが苦痛でしょうがなかったかもしれない。たしかに、義務で本を読まされるほど、つまらない読書体験はない。わざわざ、読書嫌いを加速させるようなものだ。

本を読みたくないなら、思いきって体験重視に振りきる生き方もいい。だが、体験の精度は情報によってより高まるのも事実だ。

誰かに強制される辛い読書はしなくてもいいけれど、好きな本、面白い本は、できれば読んでみよう。これだけたくさんの本が世にあふれているのだから、夢中になれる本が1冊もない、ということはありえない。友だちのお薦めや学校の図書室、レビューサイト、本に詳しいキュレーターのSNSなどで情報を得て、まずは1冊目から手に取ってみるといい。

大切なのは「最後まで読みきる」ことを義務づけないことだ。つまらない文章をいつまでも読み続けるのは、それこそ読書嫌いに拍車がかかる。要点を押さえて読む、ナナメ読みで充分だ。面白いところだけ拾ってたくさん量を読んでいるうちに、早く読むコツは身につく。好きなものを、片っぱしから流し読みするのがベストだ。

200

本がムリならマンガを読め

分厚い小説や専門書はハードルが高い、と言うならマンガがある。しっかりした取材に基づいて描かれたマンガなら、小説と同じかそれ以上の情報が詰まっている。マンガを読んでいるとき、脳内では実はかなり高度な情報処理作業が行われているのだ。

脳科学の分野では、言語と画像の認識野はそれぞれまったく違う機能とされるが、同時に動かせることがわかっている。マンガを読んでいるとき、脳では無意識に絵の情報をセリフで補完し、その逆も行っている。それは脳の複雑な機能を同時に立ち上げ、相関的な活動を促している。**絵やセリフ、コマ運び、ストーリーの構成など通信情報のパターンが多いマンガは、脳の処理能力を促進する最強の「知育教材」なのだ。**

脳の情報処理能力を伸ばすには、字幕と演技を同時に見る映画も悪くない。だがマンガの優位性は、自分の好みのスピードで読めることだ。自分のテンポに合わせながら脳内で複数の情報を整理して、物語を理解する力を養える。作者の卓越した想像力も吸収できるのだ。学びの手段として、マンガほど勧められるものは少ない。

「マンガばかり読んでいたらバカになる」なんて大ウソだ。現に、第一線で活躍する知識人にも若い頃にマンガが大好きで、マンガの影響でその後の道を志したという人が少なくない。特にサイエンスの分野では顕著だ。『鋼の錬金術師』が好きで、研究者を目指し、やがてノーベル化学賞を受けるような人も現れるだろう。

ＨＯＮＤＡを創業した本田宗一郎は、読書嫌いで有名だった。書いてある思想にとらわれ、退歩するような気がするからだという。一方で、講談物は熱心に読んでいたそうだ。本嫌いだったかもしれないが、読みたいものは熱中して読んでいたのだ。

マンガでも、まったく問題ない。時代の潮流をキャッチするためにも、若い人は読みたいものを楽しく読みふける作業を維持しよう。**僕が手がけているマンガ紹介サイト「マンガ新聞」も、役立ててみてほしい。**

202

テレビを捨てよ。YouTubeへ出よう

5Gビジネスが一般でも注目され始めた2019年、僕は動画改革に乗り出した。まず、運営するYouTubeチャンネルの撮影チームを入れ替えた。そして、時事ネタを一人で語って同時配信するなど、機動力を生かしたやり方を試みた。**話し方は人気YouTuberを参考にして、要点を押さえた語りかけを意識した。**

一人語りは対談と違い学べるものがないので、作業としては面白くはない。だが再生回数の伸びのスピードが、以前とはまったく違った。僕のオリジナルの知見で時事ネタを斬りまくる動画は、思いのほか世間に需要があったようだ。

僕の公式チャンネルと、経済ニュースメディア「NewsPicks」とのコラボ

レーション動画も始めた。タイトルは「HORIE　ONE」。そのとき話題になっているニュースを挙げ、僕の分析や意見、ときにはストレートな提言をアシスタントたちと語り合うという、スタジオトークスタイルのコンテンツだ。

動画改革に際して、過去の動画で何が受けているのか調べてみた。するとやはり、時事ネタの解説がずば抜けて人気だった。意外だったのは、外国の視聴者の評判だ。僕が手がけるWAGYUMAFIAに来てくれた海外のお客さんから、「見たよ！」と、何人にも言われた。「HORIE　ONE」はタクシー車内のサイネージ広告でも展開されていたので、目にした外国人観光客が多かったのだろう。

外国人はいま、日本の情報を動画でチェックしている。YouTubeには自動翻訳機能もついているので、日本語に詳しくない人でも問題ない。テレビなどは、ほとんど頼りにされていない印象だ。何かを発信するとき、世界照準での拡散を考えるなら、これからは動画がベストだという実験結果を、僕なりに得ることができた。

動画改革は、いまも日々続けている。工夫を重ねながらコンテンツを発信していくことで新しい学びや興味の対象が増えていき、とても刺激的だ。

204

テレビで出せない情報を個人で発信しまくれ

動画での発信の利点は、やはり機動力とスピードだ。社会的に大きなニュースが起きたときにすぐ動画を撮って編集すれば、数時間後には配信できる。

政府の動向や大型の企業買収、ビジネス界の大物の動きなどのニュース解説でタイムリーに動画を上げると、あっという間に数十万回の再生数になる。今年の3月には、日本を脱出してレバノンに滞在中だった元日産自動車会長のカルロス・ゴーン氏との対談動画をアップした。「カルロス・ゴーン ホリエモン」でググれば出てくるはずだ。

https://www.youtube.com/watch?v=L8Y8FyJrgvl

ゴーン氏は、日本の捜査関係者やメディアをほぼシャットアウトしている。そんな中現地に住んでいる友人の仲介で、奇跡的に面会が叶ったのだ。日本の司法制度や検察の問題点などを約30分間、お互いに英語で話し合った。日本社会に大きな一石を投じる、大変にニュースバリューの高い談話だった。

間違いなく、大手新聞社やテレビ局ではゴーン氏にアクセスできない。**僕は個人的なルートで、テレビよりも機動力の高い成果を挙げられたのだ。**YouTubeの再生回数はすごい勢いで伸び、200万回を超えた。いろんな意味で視聴者に与えたインパクトは、計り知れなかった。世間への実質的な影響力では、もはやテレビはメジャーの存在ではない。出演する意味も、なくなってきた。

近年、テレビに出ても他の共演者の思考の浅い意見への反論に時間を取られ、イライラすることが多かった。またテレビは僕を悪者にしようという演出の意図が強すぎて、それもイライラした。動画なら収録にストレスがなく、好きなように発信できる。

自分のやりたいことを工夫次第でより遠く広く届けるのに、動画はいまのところ最も優れた方法だ。テレビなんて、捨てていい。他人に届けたい思いを一つでも持っている若者は、実験のつもりで動画づくりを始めてみよう。

206

就活なんて「ムリゲー」はいますぐやめろ

新卒一括採用なんて、正直なくなってしまえばいいと思う。誰得で、あんな非効率で粗悪なルールが残っているのか？　僕にはさっぱりわからない。

新卒一括採用を企業が採用しているうちは、まず学生側の不利益が大きすぎる。学校を卒業した後に身を置く環境を学生主導で選べないのだ。それはつまり、自分の人生を自分で決められないことを意味する。

たとえば、就職する会社が大企業であったとしても、安心でいられるか？　数年したら不況で沈没する船かもしれない。しかも、その船には乗員全員の救命ボートが積まれていない危険だってある。図体が大きいだけのタイタニック号は、乗り心地はいいかもしれないが、航海の途中で悲惨な末路を迎える可能性もありえるのだ。**先行きの月収の不確定要素も大きい。**日本の会社は原則として、年功序列で毎年給料が上がっていく仕組みとなっているが、少子化で労働人口は減っている。政府が発表する人口ピラミッドの統計を見れば、明らかだ。給料が着実に毎年上がっていく保証がないどころか、減っていく方が保証されていると言ってもいいくらいだ。**大企業の管理職や幹部ポストの数も年々減っている。**ヒラで十数年耐えて泥水を飲んでいても、役職に就けない人は増える。ほとんどの社員は飼い殺しにされたまま、会社に貴重な人生の時間を吸い取られてしまうだろう。

学生に不利益だらけなのに、新卒一括採用の習慣はなかなかなくならない。調べてみると、日本の新卒一括採用の歴史は意外に古い。最初に始めたのは、日本郵船（現在の三菱）と三井銀行とされる。第一次世界大戦開戦による人手不足から、学生たちの卒業前に入社選考と採用を行うようになり、それが一般化したと言われている。
若年層を大量に採用するため、戦後日本の失業率を下げることに貢献したと言われるが……いつの時代の話だ？　と、疑問に感じるのが普通だろう。

そもそも、現在の就活ルールは、経団連がバブル景気の前後に整備したようなもので、横並びで守る理由はどこにもないはずだ。来年卒業の大学生から政府主導のルールに変わるようだが、どうせしばらくは現状維持だろう。いますぐなくすべき習慣だし、学生たちも大人しく準ずる義理はない。

それでも就活が一定の効力を持ち続けるのは、企業の方に「新卒一括で採った若者は使いやすい」という、悪い意味での成功体験が蓄積されているからだ。

「新卒は無色透明だから自社色に染めやすい」とよく言われる。だいたい、日本人は昔から初ガツオをありがたがったように、新築の家や新車とか、まっさらなおろしてのものが好きだ。潔癖症に近い、新物をありがたがる文化だ。それが人材募集にも影響している。

しかし、無色透明な人間とは、言い換えると何の個性もスキルもない人間ということだ。何のスキルもない若者に一から仕事を教えるのは、会社としてはロスが大きい。また、「君は素直に言うことを聞くから期待できる」と評価されても、僕ならまったくありがたいとは思わない。**「素直に言うことを聞く」人材を必要としているような会社に、未来はあるだろうか？**

就活に臨み就職を勝ち取った人は、残念ながら「何のスキルもない、ただ言うことだけを聞く素直な若者」と軽く見られている証拠だ。そして将来性の低い会社に雇われてしまった不運に気づくのは、何年も職場で酷使され、たくさんのトラウマを植えつけられてからになるだろう。

君に告げたい。いますぐ就活ルールから飛び出せ！

「新卒一括採用での就職は、将来安定した暮らしを得るのに確実」だというエビデンスはまったくない。就活は、「新しモノ好き」な大人たちの好みと都合に振り回されているだけだ。大切な学生のうちに、そんなものに神経を磨り減らすのはバカげている。

毎年10月になると、学生たちがいっせいに衣替えするようにリクルートスーツで、就活に臨む景色は普通ではないのだ。いろんな意味で「無理ゲー」な就活ルールから飛び出し、自分ルールで仕事を探していこう。

210 いますぐ自分で金を稼げ

中学生時代、僕は新聞配達のアルバイトをしていた。

ホリエモンが？　と驚かれるかもしれないが、僕だってやりたくてやっていたわけではない。雨でも雪でも朝5時に起きて自転車をこぎ、100軒以上もの家に新聞を配るのは過酷な作業だった。**目的は、新しいパソコンと「引き換える」ためだった。**

僕は当時、全教研から、全教研が提供するCAI（コンピューター支援教育）を提唱する塾に移っていた。魅力的だったのは、充実したパソコン環境だ。そこで僕はプログラミングの知識を生かし、フロッピーディスクにゲームを移植して、パソコン雑誌に投稿した。見事に掲載され、1万円（源泉徴収されて9000円）を手にした。僕がプログラミングで初めて得た報酬だった。能力が認められ、素直に嬉しかった。

もっとプログラムにのめり込みたい！　自分用のハイスペックなパソコンが、ほしくてたまらなくなった。当時、僕が狙っていたのはNECの「PC－88SR」。しかし、中学生どころか普通の社会人でも、ためらいなく購入できる価格ではなかった。すると廉価版の「PC－88FR」がリリースされた。多少安くはなったけれど、本体とモニターを合わせて20万円以上もした……僕はダメ元で、親に相談してみた。

親に買ってもらった最初のパソコンはスペックが物足りず、とっくに処分していた。20万円以上もの機種を新しく買い直してもらうのはさすがに許されないだろうと、なかばあきらめていた。すると親が意外にも「お金を貸してやるから、新聞配達のバイトで返せ」と言ってくれた。その手があったか！　と驚いた。

新聞配達は、大変な肉体労働だ。朝は早いし、基本的には休めない。学校に通いながらそんな辛いバイトをしたくなかったけれど、田舎の中学生にできる仕事は、新聞配達くらいしかなかった。**僕は、ほしいもののために「借金」を抱えていたのだ。**嫌がっていられる立場ではなかった。

212

借金は「悪」じゃない

新聞配達で毎日早朝から懸命に働く僕を見た親は、バイト代が貯まるより先にＰＣを買ってくれた。もちろん、「完済」するまで新聞配達はきちんと勤め上げた。

この新聞配達で、僕はのちに起業家としての指針にもなる、大事な教訓を学んだ。借金は、決して悪いことではない。むしろスピーディに目的を達成できたり、いい体験を先行して得られるなら、借金をためらってはいけないのだ。

「借金」で高性能なツールが手に入るなら、親や親戚からお金を借りればいい。知り合いに頭を下げまくるのも手段だ。借金で大事なのは、必ず返すという誠実さと、借金を抱えてでもやりたいことをやる勇気だ。

僕はお金がなかったけど、前借りに近い形で「PC-88FR」を買うことができた。新聞配達で20万円を貯めるには、1年ほどかかっただろう。借金で、その1年を大幅にショートカットできた。言うまでもなく、プログラミングの世界での1年は、ものすごく大きい。まして僕は10代前半だった。吸収力の高いうちに、プログラミングに没頭する1年間という代えがたい時間を、借金で先取りできたのだ。

僕は、中学時代にお金で時間を買うことの合理性を、強く認識した。このショートカットの考え方は、現在のビジネスの多動的な展開に生かすことができている。

お金で何でも買えるわけではないが、有意義な体験にあてるための時間は、先買いできる。もし可能なら、迷わず借りてしまおう。お金が貯まるまで我慢する必要はない。我慢している間に失う体験のチャンスや有意義な情報は、お金では挽回できない。

人生には、限りがある。お金で買える時間は素早く買って、喜んで借金を引き受けよう。そういう本質的なお金の扱い方を、学生のうちから学んでほしい。投資的な発想など、お金のリテラシーを上げるのに役立つことは間違いない。

人生は有限だ。我慢に浪費する時間を、稼いだお金で切り捨てていこう。

桃太郎のおばあさんの「ありえない行動」を見習え

1995年以降に加速したIT革命で、世界のビジネスの勢力図は完全に刷新されていった。製造業や通信、銀行などが経済界を独占していた中、マイクロソフトやインテルなどのIT企業が躍進を遂げていった。日本も、ネットバブルに沸いた。ソフトバンクの孫正義さんや楽天の三木谷浩史さん、サイバーエージェントの藤田晋さんなど、IT企業を率いた当時の若手起業家たちが、急速に頭角を現していった。

僕は1996年、数名ほどの創業メンバーで、インターネットビジネスを手がける最初の会社「オン・ザ・エッヂ」を立ち上げた。運転資金は、立ち上げメンバーのお父さんから借りた。オフィスは昭和30年代に建てられた、古いビルの最上階に構えた。もとは倉庫だったという部屋で、広さは6畳ほど。中古家具屋で揃えた机とソファーを置き、パソコンとサーバーは買ってきたパーツを、自力で組み立てた。家賃は7万円。学生起業の手探り感に満ちた、こじんまりしたスタートだった。

僕は、23歳になったばかりだった。プログラミングの知識は人よりあったけれど、事業家としての実績はほとんどなかった。そんな無名の若者にも、仕事に全力で打ち込んでいると、ネットバブルは、次々にチャンスを運んできてくれた。

仕事がありすぎて回らない状態になり、創業から1年で1億円の売り上げを記録した。株式会社に組織を変え、僕たちみたいな新興の会社に、億単位の投資が続々と集まった。先述の孫さんたちと同様に、ITバブルの恩恵を受けまくったのだ。

2000年に東証マザーズに上場、六本木ヒルズにオフィスを移転して、2004年にはプロ野球球団買収に名乗りを上げた。起業して10年も経っていない。僕は一躍、IT革命のアイコンとして世間に知られる存在となった。

あらためて系譜をたどると、運に助けられた面もあるだろう。IT革命が起きなければ、僕はもちろん孫さんたち他のＩＴ起業家たちも、現在のような財界の実力者に成長することはなかったかもしれない。

けれど、歴史に「たられば」はない。若いときから情報をキャッチする感性を養っていれば、ＩＴ革命が世界を変えていく歴史の転換を、誰だって察知できる。やがて訪れるだろう未来図を予測するのは、君にも可能だ。僕が特別というわけではない。

ただ、実際に動き出して自分で何かを生みだした人は、滅多にいない。リスクを取って流れに飛び込む人も、ほとんどいない。

僕は、運が良かった。チャンスにも恵まれた。それは認めよう。しかし行動してチャンスを手にできるかどうかは、別問題だ。**僕や他のＩＴ起業家たちが人より成功できたのは、ただ夢中で、大胆に行動したからだ。**

運とは、行動力との掛け合わせで、本当の効果を発揮するのだ。

みんなが知っている「桃太郎」の話をしよう。

子どものときに親から聞かされて、よく覚えているのは主人公の桃太郎だろう。だが、本当に注目すべきは、おばあさんだ。

川に洗濯に行ったおばあさんは、上流から「ドンブラコ」と流れてきた巨大な桃を、迷いなく拾いあげた。そして家に持ち帰り、何が入っているのだろう？　と、包丁でパカンと真っ二つに割ってみた。すると、可愛らしい桃太郎が誕生した。

昔話のオブラートに包まれてはいるが、おばあさんの行動は完全にぶっ飛んでいる。抱えきれないほどの巨大な桃を素手で拾ってくるだけでなく、家まで持ち帰って包丁で切るなんて、変わり者すぎる。普通だったら、そんな得体の知れない巨大桃が流れてきたら、ビビって見送ってしまうだろう。仮に拾ったとしても、常人なら包丁を入れるほどの勇気は持てないはずだ。

そうなのだ、おばあさんの「ありえない行動」が、桃太郎の大冒険の始まりとなり、不朽の名作を後世に残したのだ。

ドンブラコと流れてきた桃は、僕の場合はインターネットだった。その桃をビビらずに両手でつかみ、味わい尽くした。だからこそ、僕はビジネスの世界で早く結果を出せたのだ。**成功したいなら、川上から流れてくる桃は、怖がらずに拾え！**

「異常行動」を起こせばいいのだ。みんな、桃太郎のおばあさんになろう！　と伝えたい。

東京に出なくても全然問題ない

社会生活を営んでいる人たちすべての属性は今後、ふたつにわかれていくだろう。フットワーク軽く、国境にとらわれないで活動する「G人材（グローバル志向型）」。もう一つは、昔なじみの仲間との絆を重んじて、ローカルベースに活動する「L人材（ローカル志向型）」だ。僕は、まぎれもなくG人材の側にいる。

G人材は数年前までは総人口の数パーセントしかいなかったが、スマホの進化で急増しているだろう。G人材は、シェアリングエコノミーを利用した遊牧民のような生活が可能で、L人材は基本的に一つの拠点を中心に人生を過ごす。一時はG人材は「ノマドスタイルの実践者」と呼ばれ、L人材は「マイルドヤンキー」と称されることもあった。

G人材とL人材は、格差社会の象徴だ。しかし、若者はG人材を目指せ！……などと言いたいわけではない。G人材の方が、お金も仕事もたくさん回ってくる機会は増えるけれど、NPO法人での活動に資産を投じて、あまり裕福ではない人もいる。

僕も、世間の人たちがイメージするほどお金持ちではない。お金はほとんど事業投資に使いきっている。事業の資金調達にいろんな努力を重ねているのは、普通のビジネスマンと変わりない。GとL、どっちが優れているかを論じることに意味はない。スマホ一台で場所に縛られずに仕事をする。それが楽しい人生ならG人材でいいし、地元に残って、昔なじみのコミュニティの中で楽しく生きたいというなら、L人材でいいと思う。

要はGとLのどちらが、自分のやりたいこと、大切にしたいものなのか、見きわめが大事だ。どちらを選ぼうと、本心と合致している限り、幸せな生き方を追求できる。

ビジネスや学びの有益な情報は、過疎地だろうと離島だろうと、自由に獲得できる。僕たちの若い頃とは違って、無理して都会に出ることはないのだ。自分はG人材とL人材、どちらで生きていくのか？　学生のうちに答えを出しておいた方がいいだろう。

僕は家を持たず、長年ホテルで暮らしている。家がないから、どんな地方へ旅しようと、遠くに来たという感覚が薄い。都会も地方も国内も国外も（いまはコロナ騒ぎで制限されているが）、いつでも自由に行き来できる。どちらも同じホームだという意識だ。そんな生活を続けていると、地方をもっと活用した方がいいと思うようになってきた。

地方はまず、家賃が安い。空き家物件が、破格の家賃で入居者を募集している。人の手が充分に加わっていないから多少メンテナンスの手間はあるだろうけど、住むにはそれほど問題ない物件が、月2万円以下で借りられたりするのだ。

都会での生活の大きなネックは、家賃だ。そこそこセキュリティのしっかりした部屋を選ぶと、月10万円はする。でも、地方の安い物件をベースとして借り、都会に出て商談や会議をするときだけ友だちの家やカプセルホテルを利用すれば、月10万円以下で充分にやっていけると思う。最近は、そういう地方ベース型の若者をサポートする、シェアハウスビジネスも都心に増えてきた。

地方を拠点にしたL人材的な生き方と、G人材のようなフレキシブルな移動を組み合わせる人生は、これからスタンダードになっていくかもしれない。

やる気はあるけど、できれば実家から離れたくない。それでも結構だと思う。

都会の環境に制限されるような仕事を工夫して避け、極力オンラインですませられる仕事を、自分でつくっていけばいい。ゼロ高では、そのような「G」と「L」を掛け合わせた人生を、学びを通じながら先取って実体験できるのだ。

多くの若いサラリーマンは、休みの日はNetflixでドラマを見たり、スマホで無料マンガやゲームをして過ごしているという。家時間が幸せだというなら、東京とか都心に暮らす必要はまったくない。君だって、真剣に学びたいものはオンラインで学べばいいのだ。都会の大学に苦労して入学しなくても、教養は身につけられる。

経済の先行きが不透明な昨今、生活コストが抑えられる地方暮らしの利点は、見直されるだろう。L人材はもちろん、G人材も、悠々自適に暮らしていける。これからは都会偏重があらためられ、地方の時代に突入すると僕は予測している。

222

ウザい親でも味方にはつけておけ

僕の母親は口うるさく「勉強しなさい」というタイプではなかった。寛容だったわけではなく、そもそも口数が少なかった。誰にも相談しないで物事を決め、一方的に告げてくるようなところがあった。子育ても同じで、「こうする」と勝手に決め、僕を従わせようとした。なんで？　と聞いても、「せからしか！（うるさい）」のひと言で、はねのけられた。

小学校低学年のとき、「これから柔道場に行く」と言われ、車に乗せられた。何だかわからないうちに道場に着いて、そこから6年間、柔道を習わされた。柔道なんか全然好きじゃないから、行きたくなかった。けれどズル休みは許されず、サボっているのがバレたら、母親にめちゃくちゃ怒られた。夜中に家から放り出されたこともある。

高一の冬休みには、「年賀状配達のアルバイトに行ってこんね」と言われた。なんと僕に相談もせずに、郵便局の人と話を進めてしまったというのだ。しぶしぶ、郵便局に行った。するとなぜか、担当者が不在だった。仕方なく家に帰ると、母親が激怒した。僕が逃げたと思ったらしい。説明しようとすると「せからしか！」と怒鳴り、話を聞いてくれない。口論になって、しまいには包丁を持ち出し「お前を殺して、私も死ぬ！」とわめきだした。……ドン引きした僕は黙りこむしかなかった。

親というものは理不尽極まりない人種だなぁと、あきれ果てた。たぶん母親は、男の子は強く育つべきというので柔道を教え、地域の配達を早いうちにやっておけば就職に役立つとか、彼女なりに考え、僕にやらせてみたのだろう。

完全に的が外れている。**親が君に「こうしなさい」と命じる狙いは、まず間違いなく逆の結果になるのだ。**

自分の意思を聞かれていないぶん、君は反発心しか感じないだろう。親心は多少わからないでもないけれど、話し合いをシャットアウトした命令は、単なる罰ゲームだ。断固として、拒否していい。

いつの時代も、「モンスターペアレンツ」は存在するものだ。

最初の会社を興して順調に成長していたとき、有望な若者がバイトとして入ってきた。灘中高出身の東大生で、驚異的な速さでITのスキルを伸ばしていった。社員として働いてくれたら、1億の売り上げが立つ。そう言って励ますと、彼はがぜんやる気になって、大学を中退して入社したいと申し出てきた。僕としては大歓迎だった。

ところが、彼の母親がオフィスに怒鳴りこんできたのだ。「こんな会社に入れるために、うちの子は東大に入ったわけじゃない！」と、わめき散らした。呆然とするしかなかった。スタッフがなんとかなだめて、母親には引き取ってもらった。

それがきっかけで東大の彼は意気消沈して、バイトを辞めてしまった。

直後に会社は上場して、僕たちはIT界の旗手となった。もし入社していたら、収入的にも将来的にも、彼の人生はすごく面白いものになっていたはずだ。

母親の言い放った「こんな会社」が、一般的な親たちの考え方を象徴している。

じゃあ、どんな会社だったらいいのだ？　名の知れた老舗の大企業に息子が就職すれば、東大に入れた苦労が報われるというのだろうか。報われるかどうかは、子どもが決めることなのに、勝手な決めつけで、子どもの選択を操作するのは最悪だ。

大企業なら安泰という古い価値観にこだわっているような親には、決して従ってはならない。東大生のバイトの彼は、いまでも後悔しているんじゃないだろうか。

親の思考は、だいたい20年ほど前の「常識」でつくられたものだ。いまの社会に通用するわけがない。世間は厳しいぞ！　などと言うけれど、これから訪れる未知の世間を理解しているわけではない。世間の当事者は、むしろ子どもである君の方なのだ。「いま」を生きていく君は、「いま」の情報と感情を、最優先にして生きていくべきだ。親の命令に従って成功できたビジネスマンを、僕は知らない。

熱意を持って論理的にプレゼンすれば、親は基本的に君を後押ししてくれる。媚びる必要はないが、自分の意見をしっかり通し、親の理解を得られるなら、それに努めよう。親の協力と共に行動できれば、気持ちの上でも安心できるだろう。

226

高校生のうちにクラファンをやれ

海外の都市では、街中でよくストリートパフォーマーを見かける。ニューヨークだったら、ジャズミュージシャンやダンサー、パントマイムのパフォーマーが、腕前を披露している。通行人は拍手のあと、スマートに1ドル札をチップとして渡す。地下鉄ではミュージシャンがアコーディオンを弾きながら、車両から車両へと渡り歩き、チップを集めている。

日本では、こうした〝投げ銭〟の文化が途絶えて久しい。昭和の半ばくらいまでは大道芸人に紙芝居、流しのギター弾きなど、投げ銭で暮らしている人は少なくなかった。令和の時代のいまでも活動している人はいるけれど、高齢だったり、スポンサーがいたり、ほぼ文化遺産のような存在だ。

日本には、投げ銭で稼がなくても効率的にお金をもらえて、安定した仕事がたくさんある。社会が豊かな証拠なのだろうけど、芸の腕前次第でそこそこ日銭をもらえる投げ銭プレイヤーは、資格や学歴や経験のない者がチャンスを得られる魅力的な仕事の一つだ。細々とでも、残っていくべきだと思う。

一方で、投げ銭文化は意外な進化を遂げた。クラウドファンディングだ。

クラウドファンディング（通称クラファン）とは、群衆（Crowd）と資金調達（Funding）を組み合わせた造語で、インターネットを通して発信された個人や団体の活動や夢を応援したい人が、資金を投じるシステムのことだ。途上国支援や商品開発、音楽制作、イベント運営、出版物の制作など、幅広いプロジェクトがクラファンで実施されている。

資金を投じた人には、金額に応じた見返りが用意されている。つまらない夢だったら誰も見向きもしないけれど、思いや情熱で共感を集められれば、オンラインを介してお金が集まり、夢が実現されていく。投げ銭文化がテクノロジーによって現代に最適化した、君たちに心強いシステムと言えるだろう。

クラファンが広まったきっかけは、2011年の東日本大震災といわれる。全国各地で募金や寄付が行われる中、被災地の復興ボランティアを手がけるNPO法人がクラファンで資金を調達し、活動を続けられた。僕のロケットビジネスでも、クラファンを行った。**「打ち上げに失敗したロケットの破片をプレゼント」（5万円）という洒落の利いたコースが、意外にも人気だった。最高額の「発射ボタンを押す権利」（1千万円）にも、実業家の方から申し込みがあった。**結果、目標の2千万円を超える金額が集まり、見事サクセスとなった。

近年は、書籍の著者と会えるなどの返礼を設定した、新たなクラファン「価格自由」も登場した。僕は著書の『ハッタリの流儀』で利用し、1億5千万円ほどを募ることができた。新書の『ゼロからはじめる力』など、今後も出版物で試みていきたい。

技術革新によって、顔の見えない者同士が直接つながり、お金で支援しあう「P2P＝Peer to Peer（サーバとクライアントといった区別なしに、接続されたコンピューター同士が同格で通信し合うネットワーク形態）」は、ついに実現した。上場企業や投資ファンドの存在意義は、遅かれ早かれ消えてなくなるだろう。

ネットが個人と個人をダイレクトに結びつけた結果、あらゆる手間や中抜き産業が消えていく。僕たちは物々交換という商取引の原点に立ち返ろうとしているのかもしれない。**そんな中、本当に価値を持つのは、個人の「信用」だ。**

お金は価値交換のための単なるツールだと、たびたび説いている。なぜお金が必要か。個人の信用というあやふやな判断基準を「見える化」してくれるからだ。もし個人の信用が社会の中でたしかなものになっていれば、本当はお金なんて必要ないのだ。

君はお金ではなく、信用を貯めるべきだ。僕が人よりも大きな金額をクラウドファンディングで集められるのは、信用値が他のビジネスマンよりほんの少し高いからだ。

他人との約束を守る、誠実に仕事をする、課題を提出する、やるといったことをやる、人より大胆に行動する……そういった積み重ねで信用は高まる。**信用とは、すなわち期待だ。**「この人にお金を投じたら面白いことをやってくれるはず！」という期待が信用として集まり、チャレンジの可能性を広げ、成功確率を上げてくれる。

学生のうちから、失敗覚悟で、クラウドファンディングを仕掛けるのは大いに奨励したい。挑戦の数だけ、君の信用は貯まり続けるだろう。

リスク覚悟で動く方がむしろ安全

人生を楽しんで生きる。そしてやりたいことを仕事につなげるには、ひたすら遊びつくすことだと何度も述べてきた。**夢中になって、楽しい気持ちに罪悪感を感じることなく、遊び尽くせ！**　そこにはエキサイティングな体験や仕事が、必ず待っている。

「そんなにハマれるものがない」というなら、それは間違った認識だ。君にハマれるものがなかったのではなく、大人や学校教育の洗脳に気づかないうちに、夢中の投入量を制限して、途中で止めてしまっているのだ。

飽きたというなら仕方ない。でも、飽きたわけでもないのに途中で止めてしまった挑戦や遊びは、一つくらい思い出せるのではないか。誰かの言葉、たとえば「勉強しなさい」とか「将来の役に立つことをしなさい」という命令が止める理由だったとしたら、いつでも君の脳内ＰＣを再起動させればいい。好きな遊びを中途半端にやめてしまうのは、のちのち最も辛い後悔となるからだ。子どものときの没頭を奪われ、別の興味のないものを押しつけられて過ごすことは、成功体験の大きな喪失だ。

好きなことを、誰に叱られようとときには失敗しながらやり尽くし、自分の喜びと笑顔と、仲間たちと楽しむ時間が、かけがえのない成功体験になる。**やりたいことをやり尽くす体験は、座学での成績や貯金よりも、はるかに頼れる自信になるのだ。**

面白いと感じる遊びが見つからないのは、単純に君の情報感度が不足しているのだ。自分の楽しみを見つけるだけなのに、なぜ感度が低くなってしまうのか？

答えは簡単、「なんでもやってみる」ことをしていないからだ。

せっかくスマホを持っているのに、新しい情報を得ようとせず、新しい場所にも遊びに行かない。知らない人と出会おうともしない。家から出ないで一日中、お気に入りの動画を漫然と見続けている。そんな生活が幸せというなら、別に否定はしないけれど、「なんでもやってみる」の結果、行き着いたことだろうか？

赤ん坊の頃から無気力で引きこもりだった人は、いない。子どもの心のままで、手と足を動かしまくって、片っぱしから何でもやってみよう！

少々汚れたって、ケガしたっていい。多少のケガがなければ「ここからはヤバい」という、自分の安全領域を把握できない。それがわからないまま行動をしまくると、ケガではすまないこともあるだろう。リスクを取って行動することが、結局のところ安全策になるのだ。

夢中で遊んでいると、遊びはやがてフェーズが変わり、ビジネスや研究へと深化していく。そのとき「遊びが仕事になる」というストーリー（物語）が立ち上がるのだ。**覚えておいてほしい。いまの世の中は情報があふれすぎている。そんな中で人の興味を引き、仲間が集まり、大きなうねりをつくり出していくのは、ストーリーなのだ。**お金や知名度は、もはや昔ほど効力がない。

たとえば、僕が手がける和牛ビジネス「WAGYUMAFIA」では、不定期でコースメニューの一部に「尾崎牛」を使用している。尾崎牛は一般の牛肉よりも高価だが、食べてくれる人が多くいて、十分な黒字を出している。尾崎牛は、宮崎の畜産家の尾崎宗春さんが飼育する、年間数百頭しか市場に出回らない超希少なブランド和牛だ。ただ美味しい和牛を売るだけではなく、希少性という「ストーリー」を乗せることで人気を得られたのだ。1万円の和牛ラーメンなども、高額だが売れている。

スマホを通して情報が世界中に広がるようになったいま、机の前で学ぶだけの知識や、古い固定観念や屁理屈が通用する場面はほとんど消え去った。

いつの時代も、人は情報に寄ってくる。どれだけ共感度の高いストーリーを広められるかが大事なのだ。人の期待感を高めるようなストーリーを発信できる人が、これからは求められる。「他人の目を気にしないで好きなことをやっている」「遊びながら食べている」ことは何よりも共感される、生きている人間のストーリーだ。

何から始めよう、ではなく、何だってやりだせばいい！

行動の数が増えれば、必ず没頭は再起動する。そうすれば、君の人生は楽しくなるし、結果的に遊びを仕事にして生きることもできるだろう。

お金や学歴はあってもいいけれど、ストーリーを持つ人間が、いちばん強い。

そしてストーリーをつくるのは、自分の力しかないのだ。

人生の「点」を思いきり打ちまくれ

行動力の大切さを説くとき、多くのビジネスマンが心に留めている言葉がある。

2005年、スティーブ・ジョブズはスタンフォード大学の卒業式で、卒業生たちに向けて演説を行った。そのなかでジョブズは、「connect the dots」の考え方を述べた。後に日本でも広まる、「点をつなぐ」思考の原点となる言葉だ。

演説の一部を引用する。

「You can't connect the dots looking forward; you can only connect them looking backwards. So you have to trust that the dots will somehow connect in your future.」

わかりやすい英語なので、中学卒業程度の英語力でも理解できるだろう。

簡単に訳すと、次のような日本語になる。

「未来をあらかじめ予測して、点と点をつなぎ合わせることはできない。可能なのは、後からつなぎ合わせることだけだ。つまり私たちは、いまやっていることが、今後の人生のどこかでつながり、自然に実を結ぶことを信じ（て行動し続け）るしかない」

僕がこれまで本書で述べてきた、君たちに行動を促す理由が集約されているメッセージだ。

ジョブズの経歴をたどっていくと、彼がいかに多くの「点」を打ちまくってきたかが、よくわかる。大学時代からスピリチュアルに傾倒し、ゲーム会社に飛びこみで入社、友人だったスティーブ・ウォズニアックらと3人でアップルを創業、事業拡大、ピクサー設立、NeXT買収、Macintosh・iPhoneの発明……輝かしい経歴の一方、多くの人間関係の確執を抱え、プロジェクトの失敗で大損害も出した。裏切りにも遭ったし、一時は会社も追われた。それでも彼は立ち止まることをせず、無心に、ひたすらに行動し続けた。やりたいことにあふれ、落ちこんでいる時間は、1日たりともなかった。

思い描く理想的な世界が、自分の手で、テクノロジーの力を借りて実現していく、「いま」という瞬間の連続に、興奮しまくっていたのだ。

ジョブズの足跡は、人類の文明史に刻まれた無数の「点」だ。きっと彼は、世界最高の経営者になりたかったわけではないだろうし、お金持ちになりたかったわけでもない。iPhoneの発明に、満足もしていなかっただろう。

ただ「点」を乱打することに、夢中だった。その点が後で勝手に、何らかの意思に則ったかのようにつながって、イノベーティブな成果を生みだす、想定の範囲外の現象が、楽しくてならなかったのだと思う。56年の短い生涯だったが、彼ほど「点」の数を多く残した人は、ほかにいないだろう。

僕もたくさん事業を手がけているから、よくわかる。思惑通りに物事が進むのもいいけれど、好きなように撒き散らしていた「点」が、まさか！　というタイミングでつながり、意外な利益を持ってきてくれる瞬間は、ほかの何物にも代えられない快感だ。

誰かではなく自分自身を驚かせる未来のために、たくさんの「点」を打とう！

動いて動いて、大人に呆れられるくらい、行動しまくろう。リスクを恐れて「点」の数を抑えているようでは、将来は窮屈になる。

多くの「点」は、やがて迎える未来の「いま」を描く、太い「線」になる。

人生を変える線画をどのようにつくりだすかは、君の行動次第だ。

238

「オープンイノベーション」の世界を味わい尽くせ

これからの学びは、「オープンイノベーション」が大前提になる。僕はオープンイノベーションを基盤とした世界の歩き方を、君に伝えたい。

オープンイノベーションとは、自社だけでなく、他社や大学、地方自治体、社会起業家などの異業種、異分野が持つ技術、アイデア、サービス、ノウハウ、データなどを組み合わせ、革新的なビジネスモデルや研究成果、製品・サービス開発、組織改革、地域活性化といった変革につなげる、イノベーションの方法論のことだ。

いまや、ネット上に持ち込まれる最新の情報にアクセスするスキルさえあれば、自分が知りたいことを際限なく探究することができる。

オープンイノベーションが実現させたのは、「チャレンジしよう」という行動力さえあれば、誰もが平等に実践する機会を持てるようになった世界だ。物理的な制約条件はなくなりつつある。そんな時代に毎日早起きして、重い気分を抱えながら、昭和に建てられたような古い校舎に通う必要はない。

何も持たない10代の若者がアイデアをオープンにしたことで、世界的に大成功したビジネスの事例がある。２０１４年３月にＦａｃｅｂｏｏｋが20億ドルで買収したＯｃｕｌｕｓ（オキュラス）ＶＲだ。

同社創設者のパルマー・ラッキー氏は18歳のとき、巨大なゴーグルのようなＶＲデバイスのアイデアを思いついた。スノーボードが趣味だった彼は、「ゴーグルの内側にスマホを2台つけて映像を流したら、バーチャルリアリティを体験できるんじゃないか」と考えたのだ。

彼はオープンソース（ネット上で誰でも自由に改良できるソフトウェア）を利用してプロトタイプをつくり、開発資金を求めてクラウドファンディングサイトのＫｉｃｋｓ taterにアップしたところ、240万ドルを超える資金調達に成功したのだ。

さらにオープンソースのコミュニティをきっかけに、スティーブ・ジョブズとも仕事を共にしてきたゲームクリエーター、ジョン・D・カーマック氏がビジネスパートナーとして仲間に加わり、世界に先駆けるVR企業の伝説が始まったのだ。

ラッキー氏のアイデアが斬新だったから、成功できたわけではない。「スノボのゴーグルにスマホをつけて映像デバイスをつくる」というアイデアは、同時期に世界で万単位の人が思いついていたはずだ。**ラッキー氏が素晴らしかったのは、開発を自分の周辺だけで抱え込まず、オープンソースでプロトタイプをつくり、クラウドファンディングを利用したこと。**つまり、オープンイノベーションのプラットフォームに参加するという行動を起こした。それが成功の所以だ。

お金も地位も、人脈さえもいらない。オープンイノベーションは、あらゆるリソースを無償で使える世界なのだ。誰だって、他人がつくった最新のツールやデータを利用し、次々と新しいアイデアに進化させ、世界に発信していける。発信すればフィードバックが集まり、アイデアはさらにブラッシュアップされていくのだ。

そうやって高速で行動、検証、改善を続けて進化していく者と、教科書などのマニュアルをなぞることだけを繰り返している者とではどちらが人間として進歩するか。考えるまでもないだろう。

オープンイノベーションに参加する上でただ一つのストッパーは、「自分にはできない」という決めつけだ。その原因になっているのは、義務教育における「これを学ぶべきだ」「これをしてはいけない」という、出る杭を打つルールや規制。そして個性を均一化することで植えつけられた自己抑制の悪習慣だと、僕は思う。

そんな鎖は引きちぎれ！　自ら学び、アイデアを行動に移すことができる人材を、僕は増やしたい。ゼロ高は、思いを行動に移そうとしている君たちを、全力でサポートする。みんなで一緒に、オープンイノベーションの世界を使い尽くしていこう。

もう学校に通い、先生から教わるという既存のシステムにはこだわらなくていい。自分の興味関心のおもむくまま世界中から情報を集め、好き勝手にガンガン独学して周りの力を借りながら実践していくのが当たり前だ。躊躇する理由なんてどこにもない。本当の学びはそうなっていくべきだ。

ファーストペンギンこそ最強の生き方

僕の公式チャンネルには、老若男女を問わず、たびたび「アイデアはあるけど、実現する力がない」という相談が寄せられる。

話を聞いてみると、「絶対に売れるプロダクトを思いついたが、開発プロセスや製造設備を整える力がない」という。能力のある人を雇えばいいのだけど、そのお金も人脈もない。どうしたらいいでしょうか？　というような相談だ。

どうしたらいいも何も……呆れてしまう。なぜ、動かないのか？　お金がないのだったら、お金を集める行動を取ればいい。借金してもいいし、CAMPFIREなどのクラウドファンディングサービスに、アイデアを持って問い合わせるのもいい。

本当に売れる価値のあるアイデアだったら、すぐにお金は集まるはずだ。もしお金が集まらないのだとしたら、アイデアのブラッシュアップか、プレゼンのレベルが足りないだけだ。再チャレンジすればいい。

いずれにしろ、立ち止まっていても現状は変わらない。アイデアは、実践とセットになって、初めてジャッジを受けるステージに立てる。ジャッジを受けるステージに立てないアイデアは、単なる「思いつき」で終わってしまう。

自分には力が足りないから、経験がないからと、立ち止まっている人があまりにも多い。力がないからこそ、まずは走り出せ！　と僕は言いたい。**僕は、物理的な制約だらけの刑務所の中でも本を読み、メルマガを執筆したりして動いていた。なのに、自由な世界にいるはずの人たちが、なぜ行動しないのか？**　意味がわからない。

たしかに力がある人には、勝手にお金も情報も、魅力的な人材も集まってくる。**ならばせめて、力がない君が、動き出しの早さで力のある人をリードする意欲を発揮しなくてどうするのだ。**立ち止まっていれば楽かもしれないが、現状を突破する力は鍛えられない。成長に必要な検証の機会や、思いがけない出会いも生まれないのだ。

冒頭の質問への答えはシンプルだ。アイデア自体には何の価値もない。アイデアを形にするために手を動かせ！　それだけだ。

悩むばかりで動き出さない人が多い原因は、やはり学校教育にあると思う。

勉強でも部活でも、まず「しっかりとした準備が必要だ」と、いきなり動き出して失敗することを、子どもたちに避けさせようとする。まず筋道を考えて準備を整える子どもが評価され、先走って失敗したような子どもは、「ほら見たことか」と悪い見本にされてしまう。**考えるより先に動いた旺盛な意欲とエネルギーを否定するような準備至上主義の教育が、ずっと行われているのだ。**大間違いだと思う。

準備すれば、たしかに失敗する確率は下がるだろう。しかし、そのぶん時間が浪費される。浪費される間にムダにされる検証と再実践の機会は、誰が補てんしてくれるのだ？　結局、将来の自分に返ってくる。**だから、失敗を「よくやった！」と褒める教育が学校でなされていないのは問題だ。**萎縮して座学に逃げこみ、結局何もできず「もっとやれるはずだったのに……」と、後悔にさいなまれる子どもを増やすだけだ。

安心するために準備や勉強をしたいなら、それでもいい。しかし、「時間がもったいない！」と少しでも感じるなら、失敗上等！　の気持ちで行動しよう。

ベンチャービジネスの世界には〝ファーストペンギン〟という言葉がある。リスクのある新分野にチャレンジして、大きな利益を得る人のことだ。

南極に住むペンギンは、群れで暮らす。彼らのエサは、海中の魚類だ。獲るには海に潜る必要があるが、アザラシやシャチといった大型の天敵と遭遇するかもしれない。だから、ペンギンの群れはなかなか海に飛び込もうとしない。海を見つめて、様子を窺っているペンギンたち……やがてついに、1羽のペンギンが勇気を出し、海へ飛び込む。群れはそのペンギンの無事を確認するやいなや、次々に海に飛び込んでいく。

最初の1羽は、襲われるかもしれないリスクを引き受けて海へ飛び込んだ。だから、群れの仲間たちに邪魔されることなく、豊富なエサ、つまり先行者利益を腹いっぱい食べることができる。この最初の1羽になぞらえた存在が、ファーストペンギンだ。

歴史を変えたビジネスには、必ずファーストペンギンが現れる。兵器ロケットの技術をアメリカの宇宙開発事業へ導いたヴェルナー・フォン・ブラウン、馬車製造から自動車製造に切り替えて成功したGM創業者のウィリアム・C・デュラント、反物の新たな商法をきっかけに呉服問屋から財閥に上り詰めた三井グループの祖・三井高利、真珠ビジネスの常識を覆したミキモトの御木本幸吉など、多くの起業家が、リスクを取った挑戦で、革新的なビジネスを成し遂げた。

現代では、IT分野でのファーストペンギンの活躍が際立つ。スティーブ・ジョブズ、ビル・ゲイツ、マーク・ザッカーバーグ、ジェフ・ベゾス、イーロン・マスク……まあ、彼らの突き抜けぶりは、僕が語るまでもないだろう。

ファーストペンギンたちの成果を見るとき、肝心な部分を忘れてはいけない。彼らはそれぞれの分野のビジネスで最初に始めた者ではなく、「最初に勝ちパターンを見つけた者」なのだ。彼らより早く、海へ飛び込んだ者はいたかもしれない。だが読みが外れたり、どこかで保険をかけたりして、中途半端に終わった。でも、ジョブズもゲイツもザッカーバーグも、自分の信じる「勝ちパターン」に振り切り、リスク覚悟で挑戦した。その結果、先駆者としての恩恵を、たっぷり得ることができたのだ。

ファーストペンギンとは、失敗する恐怖を克服し、自分の「勝ちパターン」を信じ

抜いて、ためらわず海に飛び込んでいける、メンタルの強い人を言う。失敗するかもしれない。でも腹いっぱい食べたいから飛び込む！　という強いハートが求められる。

大丈夫だ。ペンギンと違い、君は決して誰かに命を取られたりしない。

社会に出れば、よくわかる。失敗すれば周りから叱られる。責任を問われる場合もある。ただし実際は誰も彼も失敗しまくっているので、すぐに他人の失敗なんて、忘れ去られるのだ。**逆に、失敗が多くても動きを止めないヤツは「あいつはメンタルが強い」と評価され、意外と途切れずにチャンスを回してもらえたりする。**やらないヤツには、検証の機会もなければ、誰にもチャンスをもらえないのだ。

僕は世間的には成功者と言われるかもしれないが、それは違う。うまくいったビジネスの陰で、たくさん失敗している。普通の起業家の何倍も痛い思いをしながらそのたびに検証と改善を重ね、プランを磨き上げ、大きな収益をあげられるようになった。

いいアイデアを持つ人が勝つのではない。**実践→検証→再実践のサイクルの数が多い人が、最後に勝つのだ！　ＰＤＣＡではなく、「ＤＣＡ」なのだ。**多くの生徒が安心して行動し、検証と改善を重ねられるよう、ゼロ高は失敗を大いに推奨する。

248

飽きるのはやり切った証

「あれもこれもと手を出すのは良くない」と、学校では教わるだろう。多動的なスタイルは「浮気性」「飽き性」と言われ、ネガティブな評価を受けてしまう。一つの物事に集中して深く掘り下げる。そんな求道者的なスタイルが、優等生とされているのだ。

だが「浮気性」「飽き性」こそが、人間の本質ではないだろうか？ 一つのことを好きになり、掘り続ける生き方も否定はしない。けれど、子どもは本来、飽きっぽい生き物のはずだ。興味を次々に乗り換え、そのときの環境や能力に合った実践と出合い、個性に応じた成果を積み重ねていく生き方は、決して否定されるものではない。

むしろ、リスクの少ない取り組み方ではないか。

本田圭佑さんやGACKTさんなど、本業（多くの仕事を同時にこなすのは当たり前なので、実は本業などという括りは存在しないのだが）以外の分野でビジネスを展開しようとすると、決まって批判が起きる。どうせうまくいくはずない、本業もダメになる、などと嘲笑されることもある。

本当にバカげている！　言いたい連中には、言わせておけばいい。

やりたいことが本業一つでなければいけないと、誰が決めたのだ？　やりたいことがいっぱいできたからやっている、それで悪いのか？　と僕は問いたい。

つい最近まで、サラリーマンは終身雇用が当たり前だったし、副業など話題にすらならなかった。そんな規制もだいぶ緩んできて、一つの仕事にこだわる同調圧力は薄らいできた。政府の方が、サラリーマンの副業奨励にかじを切っている時代なのだ。

学生の本業は勉強だというけれど、法律で決まっているわけではない。そもそも、何をもって勉強というのか、決めるのは君自身だ。

やりたいことをやり尽くす、それが本当の勉強だ！　行動にこそ学びの本質があると、僕たちはこれからもゼロ高の場で証明していく。

250 遊びで社会が熱狂する時代がやってくる

やりたいことをやればいいと、これまで何度も説いてきた。僕の著書やメルマガでも、同じ主張を発信している。僕自身、毎日分刻みのスケジュールをこなしているが、やりたくないことに費やしている時間は1秒たりともない。やりたいことだけで、起きている間を埋め尽くしている。やりたいことがありすぎて、寝ている間にも何かできるような、便利なツールが発明されないだろうか？　と、真剣に考えている。

というようなことを言うと、「それができるのは、ホリエモンだからでしょ」とか「普通の人は、やりたくないこともしないと生きていけない」と、決まって反論される。

本当に、そうだろうか？　**やりたいことがあるのに、自分で「できない」理由をつけて行動しない後ろめたさを、僕への批判に転嫁しているだけではないだろうか。**

「育ちがいい人はもともと有利」「学歴があると就職に有利」「お金持ちに生まれたからチャンスも多いんだ」などと優遇されている他人と比較し、自分の境遇を嘆いている人は多い。たしかに、すべての人が平等に生まれついているわけではないのは事実だ。家庭環境や身体的属性などによって、不利な立場に陥らされた人もいる。それは否定しない。**だが、境遇の有利・不利は行動しない理由にはならないはずだ。**「誰々だからできる、自分にはできない」とあきらめるのは、自分で自分の足を引っ張る愚行だ。チャレンジを放棄して他人を羨むなんて、人生のムダ遣いでしかない。

人生は有限なのだ！　やりたくないことに留まっているヒマなどない。周りに「ホリエモンだからできるんだ」と何度言われようと、完全スルーだ。**「やりたいことは誰でもやれるんだから、さっさとやりなよ！」と、僕はしつこく言い続ける。**

やりたいことが遊びなら、それでいい。いまの時代、遊んでいるだけで暮らせる。

実際、大好きな牛肉やロケット開発など、僕は遊びと仕事の境目がほとんどなく、楽しいことばかり体験して、楽しい仲間と遊んでいるうちに、自然にビジネスの成果を上げている。

遊んでいるだけで食べていくことは、実際に可能なのだ。

そこまで夢中になれる遊びがない、という人は見つかるまで探し続ければいい。食べることを気にせず、**好きを追求する生き方を、これからは社会が支援してくれる。**具体的には「ベーシックインカム」の導入だ。

ベーシックインカムとは、すべての国民に政府が生活費として、一定額のお金を支給する制度のことをいう。テクノロジーの進化や貧富の拡大を受けて近年、世界の有識者の間で議論が重ねられ、社会実装が進められているシステムだ。

斬新な制度ではない。ベーシックインカムの起源は18世紀末だ。人々には最低限の所得保障が必要と説いた、ワシントンたちと並び「アメリカ合衆国建国の父」と呼ばれる社会思想家のトマス・ペインの論文がベースだと言われる。200年以上も前から人類は、「働かなくても生きていける」暮らしの実践を、学問の世界から試みていたのだ。

食べるために仕方なくやりたくないことで働かされている環境は、広い視点でとらえると、経済全体のマイナス成長を引き起こす。そんな不利益を防ぐためにも、ベーシックインカムを導入して、やりたくない労働を減らしていこうという声は年々高まっている。各国の市政レベルでは、ベーシックインカムの実験がすでに始まっていて、イーロン・マスクなどIT界の要人たちも推進派だ。

2020年4月当時、新型コロナウイルスの感染者数が世界のワースト2位だったスペインは、「ユニバーサル・ベーシック・インカム（最低所得保障制度）」の導入を決定した。経済大臣のナディア・カルビニョ氏の発表によると、感染拡大が収束した後も終了期限を設けず導入されるらしい。金額や時期等は未定だが、ロックダウンから3週間で100万人近くが失業したという、深刻な経済危機の立て直し策として、期待されるところだ。

世界的に有名な都市や、発言力の高い人々が推進しているのだから、日本も無視できない状況だ。僕も大いに賛成だ。AIによる自動栽培やロボットの発達で、僕たち人間は、やりたくない労働から解放されようとしているのだ。

アメリカのスタートアップ企業・Ｐｌｅｎｔｙ（プレンティ）は、ＡＩが制御する植物工場で、野菜や果物の自動栽培を行っている。**同社のＡＩ技術では、野菜や果物を従来の20分の１程度の水量で生育できるという。**この会社にはソフトバンク・ビジョン・ファンドなどが２億ドル（約２１０億円）を投資しており、着実に成長しそうだ。

自動栽培の分野では、農業従事者はもちろんのこと、電気も機械も利用せず、作物を生育するシステムが主流になりつつある。日本国内だとネイチャーダイン社が開発した、オーガニックプランターのＳｏＢｉＣ（ソビック）が、よく知られる。今年の４月には新モデルが発表された。人手をかけないで、かつ環境に配慮した栽培技術は、急速に広がっているのだ。

もう、僕たちは仕事をしなくてもいい。

では、どう生きればいいか？　遊びに夢中になるのだ！

やりたいことで生きていくには、とにかく遊び尽くすことだ。好きなことを好きなだけ、夢中になって遊び尽くす。そうして生きていると、その先にエキサイティングな体験や仕事が待っている。

僕はこれまで、お金を儲けようと思って遊んだことがない。シンプルに楽しいから、コンピューターにハマり、競馬にハマり、インターネットにハマり、ビジネスにハマったのだ。楽しいを最優先して、遊びに夢中になった。だからこそ、遊びを仕事につなげることができたのだ。

遊ぶことが生きることと同義になる時代が、すぐそこまでやって来ている。

情報をたっぷり浴び、遊び尽くした者だけが成功できる時代に、君は時間をまるごと使える。「我慢が美徳」だと洗脳されてきた世代からすれば、羨ましくてしょうがない立場だ。

好きなこと、楽しいことでお金が稼げる時代にすでに突入している手ごたえを、君たちに一秒でも早く感じてほしい。ゼロ高では、遊びがそのまま仕事につながるベーシックインカム後の社会をも疑似体験できる。思う存分、遊び尽くしてもらいたい。